# 城市轨道交通车站机电安装（风、水、电、装饰）施工

高建峰　主编

中国铁道出版社有限公司
2021年·北京

**图书在版编目(CIP)数据**

城市轨道交通车站机电安装(风、水、电、装饰)施工/高建峰主编. —北京:中国铁道出版社有限公司,2019.3(2021.10重印)

ISBN 978-7-113-25630-2

Ⅰ.①城… Ⅱ.①高… Ⅲ.①城市铁路-轨道交通-机电设备-设备安装 Ⅳ.①U239.5

中国版本图书馆 CIP 数据核字(2019)第 046325 号

**书　　名:** 城市轨道交通车站机电安装(风、水、电、装饰)施工
**作　　者:** 高建峰

---

**责任编辑:** 张卫晓　　　**编辑部电话:** (010) 51873193
**封面设计:** 高博越
**责任校对:** 孙　玫
**责任印制:** 樊启鹏

---

**出版发行:** 中国铁道出版社有限公司(100054,北京市西城区右安门西街 8 号)
**网　　址:** http://www.tdpress.com
**印　　刷:** 北京建宏印刷有限公司
**版　　次:** 2019 年 3 月第 1 版　2021 年 10 月第 2 次印刷
**开　　本:** 787 mm×960 mm　1/16　印张:11.25　字数:203 千
**书　　号:** ISBN 978-7-113-25630-2
**定　　价:** 60.00 元

---

# 编 委 会

# 前　言

为加强施工管理，提高技术管理素质，指导现场施工，确保每一道工序有章可循，进一步提高工程质量，确保作业现场每道工序按规范、规程要求进行施工作业，特编写本书。

1. 本书编写的依据主要是现行国家施工及验收规范、质量检验评定标准和有关技术规程、规定的要求，结合地铁施工相关的施工技术经验。

2. 本书编写时，尽量做到实用性强，措施可靠，结合现场，内容全面、系统、完整，使得控制要点和现场能够紧密结合。

3. 本书编写方式力求简明扼要，配以文字说明和图册表达的形式展现施工现场，尽力做到图文并茂，真正能够适合于现场各层管理、技术人员和操作工人理解和应用。

地铁车站机电安装施工是一项实践性、技术性强的工程，涉及面广，且施工各个阶段也不尽相同，因此本书主要针对施工中的一些重点工序进行了收集、归纳、总结。由于经验和学识水平有限，可能会有不妥之处，希望同仁们能提出宝贵意见，我们将逐步加以充实、提高，使其完善。

编者

# 目　　录

# 1 通风与空调系统施工

## 1.1 风管制作施工工艺

| 序号 | 项目 | | 主要控制要点 | 备注 |
|---|---|---|---|---|
| 1.1.1 | 镀锌铁皮风管制作 | 风管铁皮下料 | (1)风管厚度的核定。根据设计图纸及规范要求,不同的长边尺寸 $b$ 选用不同厚度的镀锌铁皮。<br>(2)风管尺寸的核定。根据设计要求、图纸会审纪要,结合现场实测数据绘制风管加工草图,并标明风管需开孔的位置 | |
| 1.1.2 | | 剪切 | (1)板材剪切之前必须进行下料复核,复核无误后按画线形状进行剪切。<br>(2)剪切时,可采用剪板机、手剪进行剪切 | |
| 1.1.3 | | 倒角 | 板材下料后在压口之前,必须用倒角机或剪刀进行倒角 | |
| 1.1.4 | | 咬口 | 对单咬口在第一块板上等于咬口宽,而在第二块板上是两倍宽,即咬口留量等于三倍咬口宽;联合角咬口在第一块板上为咬口宽,在第二块板上是三倍咬口宽,咬口留量等于四倍咬口宽度 | |
| 1.1.5 | | 压口成形 | 折边的质量应能保证咬口缝的严密及牢固、折边宽度一致及平直或咬口压实时不出现含咬口和张裂等现象。打实咬口时,应采用木方尺和木槌,以免产生明显的锤印 | |
| 1.1.6 | | 角钢切割 | 矩形风管法兰由四根角钢组焊而成,画线下料时应注意焊成后的法兰内径不能小于风管外径。用切割机切断角钢,并用磨光机对切割后的毛边进行打磨 | |
| 1.1.7 | | 打孔 | 法兰上的铆钉孔和螺栓孔距中低压系统不应大于 150 mm,高压系统不应大于 100 mm;法兰的四角必须设螺栓孔 | |

续上表

| 序号 | 项目 | | 主要控制要点 | 备注 |
|---|---|---|---|---|
| 1.1.8 | 镀锌铁皮风管制作 | 去除毛刺 | 采用钢锉、砂纸，磨头打磨；打磨部位主要在法兰切割端面、铆孔边缘 | |
| 1.1.9 | | 焊接 | 焊接前，必须清除焊接端口出的污物、油迹、锈蚀（采用磨光机、电动钢刷等）；采用点焊或连接焊缝时，还需清除氧化物。对口应保持最小的缝隙，手工点焊定位出的焊瘤应及时清除。焊接后，应将焊缝及其附近区域的电极熔渣及残留的焊丝清除。法兰的焊缝应熔合良好、饱满，不得有夹渣和气孔 | |
| 1.1.10 | | 法兰防腐 | (1)除锈、去污：可采用人工除锈，用钢丝刷擦拭，直至露出金属光泽，再用布擦净。<br>(2)表面清理：清除油污，如有则采用碱性溶剂进行清洗。<br>(3)油漆施工要点：<br>①油漆作业的方法应根据施工要求、涂料的性能、施工条件、设备情况进行选择；<br>②涂漆施工的环境温度宜在 5 ℃以上，相对湿度在 85%以下。<br>(4)涂漆施工程序：<br>①每层涂刷不易过厚，以免起皱和影响干燥。如发现不干、皱皮、流挂、露底时，须进行修补或重新涂刷；<br>②表面涂面漆时，要尽量涂的薄而均匀。<br>如果涂料的覆盖力较差，也不允许任意增加厚度，而应逐次分层涂刷覆盖。每涂一层漆后，应由一个充分干燥的时间（为 24 h），待前一层表干后才能涂下一层 | |
| 1.1.11 | | 风管与法兰连接 | (1)复核：风管与法兰铆接前先进行技术质量复核。<br>(2)铆接：铆钉之间的间距 $a$ 不应大于 150 mm（根据铆钉孔设置）。<br>(3)翻边：风管在法兰上的翻边量应不小于 6 mm；风管翻边四角开裂处涂密封胶，防止漏风。风管翻边应平整并紧贴法兰，应剪去风管咬口部位多余的咬口层，并保留一层余量；翻边四角不得撕裂，翻拐角边时，应拍打为圆弧形；涂胶时，应适量、均匀，不得有堆积现象 | |

续上表

| 序号 | 项目 | | 主要控制要点 | 备注 |
|---|---|---|---|---|
| 1.1.12 | 镀锌铁皮风管制作 | 风管加固 | 矩形风管易于变形，一般对于边长大于 630 mm、保温风管边长大于或等于 800 mm，并且风管长度在 1 200 mm 以上的，应采取加固措施。加固框必须与风管铆接，铆钉的间距与铆接法兰相同。采用角钢加固时，首先将风管两端套上法兰放在平台上，用外部包裹橡胶软垫的方木放至法兰端面，起到保护面漆的作用，两人在风管两侧用铁锤同时敲击方木，将法兰移至正确位置，并用角尺测量两法兰端面与平台角度，用小锤轻击调至直角，再把风管翻转 90°，同样调正法兰与平台的直角，然后进行法兰与风管的铆接固定 | |
| 1.1.13 | | 检验试验 | 风管制作完成后，进行强度和严密性试验，对其工艺性能进行检测或验证。<br>(1)风管的强度应能满足在 1.5 倍工作压力下接缝处无开裂。<br>(2)用漏光法检测系统风管严密程度；采用一定强度的安全光源沿着被检测接口部位与接缝作缓慢移动，在另一侧进行观察，做好记录，对发现的条缝形漏光应作密封处理；当采用漏光法检测系统的严密性时，低压系统风管以每 10 m 接缝，漏光点不大于 2 处，且每 100 m 接缝平均不大于 16 处为合格；中压系统风管每 10 m 接缝的漏光点不大于 1 处，且每 100 m 接缝平均不大于 8 处为合格 | |
| 1.1.14 | | 运输就位 | 采用人工搬运至吊装位置，搬运过程中注意成品保护 | |

镀锌铁皮风管制作如图 1.1.1～图 1.1.18 所示。

**图 1.1.1　风管铁皮下料**

将剪板调到所需板材尺寸一样长，固定好剪板机

**图 1.1.2　剪板机剪板**

板材剪切之前必须进行下料复核，复核无误后按画线形状进行剪切

**图 1.1.3　剪刀倒角**

板材下料后在压口之前，必须用倒角机或剪刀进行倒角

**图 1.1.4　倒角后成品**

**图 1.1.5　咬口机咬口**

咬口宽度和留量根据板材厚度而定。咬口留量的大小、咬口的宽度和重叠层数同使用机械有关

**图 1.1.6　压口成形**

折边的质量应能保证咬口缝的严密及牢固、折边宽度一致及平直或咬口压实时不出现含咬口和张裂等现象

**图 1.1.7　角钢切割**

矩形风管法兰由四根角钢组焊而成，画线下料时应注意是焊成后的法兰内径不能小于风管外径

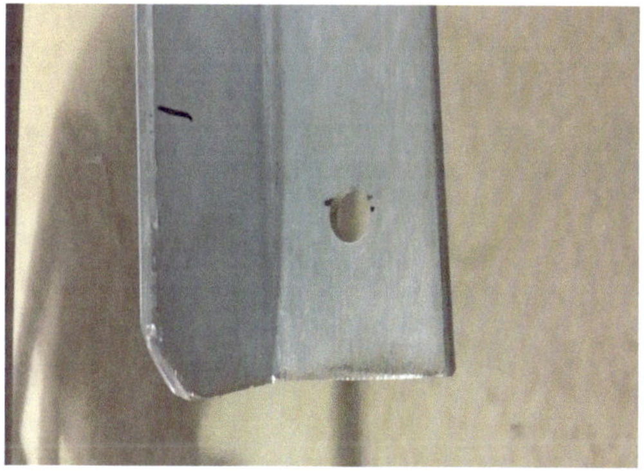

**图 1.1.8　角钢打孔**

首先定出法兰四个角的螺栓孔，然后根据两螺栓孔的距离适当选择孔距（不大于 120 mm 为原则），先做模具，确保互换性

**图 1.1.9　法兰打磨，去除毛刺**

采用打磨机打磨；打磨部位主要在法兰切割端面、铆孔边缘

**图 1.1.10　法兰焊接**

法兰的焊缝均匀、饱满，不得有夹渣和气孔

**图 1.1.11　法兰除锈**

采用人工除锈，用打磨机磨除或钢丝刷擦拭，直到露出金属光泽，再用布擦净

**图 1.1.12　法兰喷涂底漆**

不保温的法兰内外表面各喷涂铁红防锈漆两遍，对保温的法兰应在保温前内外表面各喷涂防锈底漆两遍

**图 1.1.13　法兰喷涂面漆**

表面喷涂面漆时，要注意法兰面要喷涂的厚薄均匀

**图 1.1.14　风管与法兰连接(翻边)**

风管在法兰上的翻边量应以翻边后不遮住螺栓孔为原则，要求翻边尺寸不小于 6 mm

**图 1.1.15　风管四角密封胶处理**

四角采用密封胶进行封堵，可有效防止漏风

**图 1.1.16　风管加固**

矩形一般对于边长大于 630 mm、保温风管边长大于或等于 800 mm，并且风管长度在 1 200 mm 以上的，应采取加固措施

**图 1.1.17　风管漏光试验**

在风管外观察到漏光，则说明有漏风，并应对风管的漏风处进行修补

**图 1.1.18　风管运输就位**

采用人工搬运至吊装位置，搬运过程中注意成品保护

## 1.2 风管系统安装施工工艺

<table>
<tr><th>序号</th><th colspan="2">项目</th><th>主要控制要点</th><th>备注</th></tr>
<tr><td>1.2.1</td><td rowspan="5">风管系统安装</td><td>预留孔洞</td><td>(1)需根据风管的尺寸，在墙体上预留相应孔洞。孔洞尺寸：不保温的风管每边加 100 mm，保温的风管每边加 150 mm。<br>(2)穿越防火、防爆墙体或楼板时，需采用厚度不小于 1.6 mm 的钢板</td><td></td></tr>
<tr><td>1.2.2</td><td>确定标高</td><td>风管安装前，应对风管位置、标高、走向进行技术复核，且符合设计要求</td><td></td></tr>
<tr><td>1.2.3</td><td>吊杆定位</td><td>(1)风管支吊架间距不同时，按大边长规格参照规范选取。<br>(2)吊杆不得设置在风口、阀门、检查门及自控机构处，离风口或插接管的距离不宜小于 200 mm</td><td></td></tr>
<tr><td>1.2.4</td><td>支吊架安装</td><td>(1)风管支吊杆采用膨胀螺栓固定形式，膨胀螺栓打入墙体深度不小于 60 mm。<br>(2)丝杆末端以不超过托架最低点为原则(一般伸出螺帽 1～2 cm)。<br>(3)横担两端根据吊杆规格开孔，孔外边距横担端部距离不小于 50 mm。<br>横担的选用规格如下：
<table>
<tr><td>横担</td><td>$b<400$ mm</td><td>400 mm$\leqslant b<$ 1 200 mm</td><td>1 200 mm$\leqslant b\leqslant$ 2 000 mm</td><td>$b>2$ 000 mm</td></tr>
<tr><td>等边角钢</td><td>L30×3</td><td>L40×4</td><td>L50×5</td><td>L50×5</td></tr>
</table></td><td></td></tr>
<tr><td>1.2.5</td><td>风管组对</td><td>风管法兰连接：<br>(1)法兰密封垫料。普通风管法兰垫片的工作温度不小于 70 ℃(采用 3 mm 厚密封胶条)；排烟风管法兰垫片的工作温度不小于 250 ℃(采用耐高温环保硅纤垫片)。法兰垫料应尽量减少接头，接头形式采用企口形，接头处应涂密封胶。<br>(2)风管与吊架横担的接触面加 3～5 mm 厚耐磨橡胶板。</td><td></td></tr>
</table>

续上表

| 序号 | 项目 | | 主要控制要点 | 备注 |
|---|---|---|---|---|
| 1.2.5 | 风管系统安装 | 风管组对 | (3)法兰连接时,首先按要求垫好材料,然后把两个法兰先对正,穿上几颗螺栓并戴上螺母,不要上紧。再用尖冲塞进预上螺栓的螺孔中,把两个螺孔撬正,直到所有螺栓都穿上后,拧紧螺栓。紧螺栓时应按十字交叉逐步均匀的拧紧。风管连接好后,以两端法兰为准,拉线检查风管连接是否平直。<br>(4)风管法兰连接应采用镀锌螺栓,并在法兰两侧垫镀锌垫圈。<br>(5)连接法兰的螺栓应均匀拧紧,其螺母宜在同一侧。<br>(6)法兰应与风管成一整体,并应有过渡圆弧,并与风管轴线成直角,管口平面度的允许偏差为 3 mm;螺孔的排列应均匀,至管壁的距离应一致,允许偏差为 2 mm。<br>风管组合、拼装:<br>经过加工、制作达到合格的风管,按照系统顺序编号,运输至现场进行组装。依据作业场地、空间的大小,风管单节(≤2.5 m)安装或在地面组装成段(每段≤12 m)后整体吊装 | |
| 1.2.6 | | 吊装、找正 | (1)分管穿越需要封闭的防火、防爆的墙体或楼板时,应设预埋管或防护套管,其钢板厚度不应小于 1.6 mm。<br>(2)安装技术要求:<br>明装风管:水平度每米≤3 mm,总偏差≤20 mm;<br>垂直度每米≤2 mm,总偏差≤20 mm;<br>暗装风管:位置应正确,无明显偏差。<br>(3)风管的连接应平直、不扭曲 | |
| 1.2.7 | | 阀门安装 | 风口安装:<br>(1)风口安装应横平、竖直,严密、牢固、表面平整。<br>(2)带风量调解阀的风口安装时,应先安装调解阀框,后安装风口的叶片框。<br>(3)散流器风口安装时,应注意风口预留孔洞要比喉口尺寸大,留出扩散板的安装位置。 | |

续上表

| 序号 | 项目 | | 主要控制要点 | 备注 |
|---|---|---|---|---|
| 1.2.7 | 风管系统安装 | 阀门安装 | (4)洁净系统的风口安装前,应将风口擦拭干净,其风口边框与洁净室的顶棚或墙面之间应采用密封胶或密封垫料封堵严密,不得漏风。<br>(5)排烟口与送风口的安装部位应符合设计要求,与风管或混凝土风道的连接应牢固、严密。<br>风阀安装:<br>(1)风阀安装前应检查框架结构是否牢固,调节、制动、定位等装置是否准确灵活。<br>(2)风阀的安装,将其法兰与风管或设备的法兰对正,加上密封垫片,上紧螺栓,使其与风管或设备连接牢固、严密。<br>(3)风阀安装时,应使阀件的操纵装置便于人工操作。其安装的方向应与阀体外壳标注的方向一致。<br>(4)安装完的风阀,应在阀体外壳上有明显和准确的开启方向、开启程度的标志。<br>(5)防火阀的易熔片应安装在风管的迎风侧,其熔点的温度应符合设计要求 | |
| 1.2.8 | | 风管漏光实验 | 漏光法检测:<br>(1)微压系统风管在加工工艺得到保证的前提下,可采用漏光法检测,检测不合格时,做漏风量测试。<br>(2)漏光法检测的试验方法是在一定长度的风管上,在漆黑的周围环境下,在风管内用电压不高于 36 V、功率在 100 W 以上带保护罩的灯泡,从风管的一端缓慢移向另一端,同时在风管外观察漏光情况。<br>(3)在风管外观察到漏光,则说明有漏风,并应对风管的漏风处进行修补。漏风处如在风管的咬口缝、铆钉孔、翻边四角处可涂密封胶或采取其他密封措施;如在法兰接缝处漏风,根据实际情况紧固螺母或更换法兰密封垫片 | |

风管系统安装如图 1.2.1～图 1.2.16 所示。

**图 1.2.1　风管预留孔洞**

需根据风管的尺寸，在墙体上预留相应孔洞。孔洞尺寸：不保温的风管每边加 100 mm，保温的风管每边加 150 mm

**图 1.2.2　确定标高**

风管安装前，应对风管位置、标高、走向进行技术复核，且符合设计要求

**图 1.2.3　吊杆安装**

风管支吊架间距不同时，按风管大边长规格选取，吊杆不得设置在风口、阀门、检查门及自控机构处

**图 1.2.4　吊杆安装**

风管支吊杆采用膨胀螺栓固定形式。膨胀螺栓打入墙体深度不小于 60 mm

**图 1.2.5　吊架安装**

矩形风管所用横担采用镀锌角钢切割制成，横担两端根据吊杆安装规范，风管吊装时，先把水平干管绑扎牢固，然后再进行起吊

**图 1.2.6　风管组对前 70°难燃垫料安装**

普通风管法兰垫片的工作温度不小于 70 ℃（采用3 mm厚密封胶条）

**图 1.2.7　风管组对前 250°难燃垫料安装**

排烟风管法兰垫片的工作温度不小于 250 ℃（采用耐高温环保硅纤垫片）

**图 1.2.8　风管组对**

经过加工、制作合格的风管，按照系统顺序编号，运输至现场进行组装

**图 1.2.9　支管开孔前画线**

需根据风管的尺寸、标高，在管壁上画好需开洞口线

**图 1.2.10　支管开孔**

沿着已画黑线，将支管孔洞预留出

**图 1.2.11　支管安装**

安装应横平、竖直、严密、牢固、表面平整

**图 1.2.12　风管找正**

明装风管安装时需注意管道的水平度每米≤3 mm，总偏差≤20 mm；垂直度每米≤2 mm，总偏差≤20 mm

**图 1.2.13　支管开口处成品保护**

支管开口后用彩塑袋将洞口边缘包住，防止灰尘、异物进入风管

**图 1.2.14　风阀安装**

风阀安装前应检查框架结构是否牢固，调节、制动、定位等装置是否准确灵活

**图 1.2.15　管式消声器安装**

将其法兰与风管或设备的法兰对正，加上密封垫片，上紧螺栓，使其与风管或设备连接牢固、严密

**图 1.2.16　风管漏光试验**

在风管外观察到漏光，则说明有漏风，并应对风管的漏风处进行修补

## 1.3 通风与空调设备安装施工工艺

| 序号 | 项目 | | 主要控制要点 | 备注 |
| --- | --- | --- | --- | --- |
| 1.3.1 | 通风机安装 | 安装准备 | (1)检查风机机壳内是否有垃圾、杂物等,如有应处理干净。<br>(2)检查安装基础、预埋件、支架尺寸等是否与对应风机相符。<br>(3)根据设计图纸及厂家提供资料对设备基础进行全面检查。坐标、标高及尺寸应符合设备安装要求 | |
| | | 风机安装 | (1)仔细阅读风机使用说明书及产品样本,熟悉和了解风机的规格、形式、叶轮旋转方向和气流进出方向等;再次检查风机各零部件是否完好,否则应待修复后方可安装使用。<br>(2)连接风机进出口的风管应有单独支撑,不允许将管道重量加在风机的部件上;风机安装时应注意风机的水平位置,对风机与地基的结合面与出风管道的连接应调整,使之自然吻合,不得强行连接。<br>(3)风机安装后,用手或杠杆拨动叶轮,检查是否有过紧或擦碰现象,有无妨碍转动的物品,无异常现象下,方可进行试运转,如风机进风口不接管道时,也需添置防护网或其他安全装置。<br>(4)风机接线应由专业电工接线,接线必须正确可靠,尤其是电控箱处的接线编号与风机接线柱上的编号要一致对应,风机外壳应可靠接地,不能用接零代替接地。<br>(5)风机全部安装后应检查风机内部是否有遗留的工具和杂物 | |
| | | 安装连接件 | (1)风机外壳与通风管道连接时,不应将通风管的重量加在风机的外壳上。<br>(2)风机串联安装时,风机的性能参数应一致,并保证安装位置之间保持风机直径 5 倍以上的距离。风机并联安装时,必须保持并联安装的风机和性能参数一致 | |
| | | 风机试运转 | (1)在风机启动之前,应检查叶轮径向间隙是否均匀,叶片安装角度是否一致,并确保风机内部和附近没有异物。风机设有防护罩,风机开启前必须将防护罩装上,并检查其叶轮运转方向 | |

续上表

| 序号 | 项目 | | 主要控制要点 | 备注 |
|---|---|---|---|---|
| 1.3.1 | 通风机安装 | 风机试运转 | 与外壳上的标志是否一致。<br>（2）试车时人数不少于两人，一人控制电源，一人观察风机运转情况，发现异常现象立即停机检查。首先检查旋转方向是否正确；风机运转过程中，应检查各相运转电流是否平衡、电流是否超过额定电流；若有不正常现象，应停止后检查。运转五分钟后，停机检查风机是否有异常现象，确认无异常现象再开机运转。双速风机试车时，应先起动低速，并检查旋转方向是否正确。<br>（3）风机达到正常转速时，应检测风机各相输入电流是否正常，风机的运行电流不能超过其额定电流。若运行电流超过其额定电流，应检查供给风机的电压是否正常。<br>（4）风机运行时如发出异常声音，应立即停机，检查有否在管道内有其硬质杂物碰撞风机叶轮或管道突然意外堵塞或管道螺栓松动。<br>（5）并联安装运行的风机，必须同步开启 | |
| 1.3.2 | 空调机组安装 | 设备基础验收 | 根据安装图对设备基础的强度、外形尺寸、坐标、标高及减振装置进行认真检查。为了保证排水通畅，机组下边应设置长度和宽度比机组长宽加长大于 100 mm，高度为 100～200 mm的混凝土平台作为基础，基础周围应设排水沟及排水地漏。基础应水平，以保证凝结水的顺利排放，其对角线的水平误差以不超过 5 mm 为宜 | |
| | | 设备开箱检查 | （1）开箱前检查外包装有无受损或受潮。开箱后认证和对设备及各段的名称、规格、型号、技术条件是否符合设计要求。产品说明书、合格证、随机清单和设备技术文件应齐全。逐一检查主机附件、专用工具、备用配件等是否齐全，设备表面应无缺陷、缺损、损坏、锈蚀、受潮的现象。<br>（2）取下风机段活动板或通过检查门进入，用手转动风机叶轮，检查有无与机壳相碰、风机减振部分是否符合要求。<br>（3）检查表冷器的凝结水部分是否畅通、有无渗漏，加热器及旁通阀是否严密、可靠，过滤器零部件是否齐全、滤料级过滤形式是否符合设计要求 | |

续上表

| 序号 | 项目 | | 主要控制要点 | 备注 |
| --- | --- | --- | --- | --- |
| 1.3.2 | 空调机组安装 | 设备运输 | 空调设备在水平运输和垂直运输之前尽可能不要开箱并保留好底座。现场水平运输时，采用液压车运输。室外垂直运输一般采用门式提升架或吊车，在机房内采用滑轮、倒链进行吊装和运输。整体设备允许的倾斜角度参照说明书 | |
| | | 机组组装 | (1)机组组装必须在设备厂家专业人员现场指导下进行安装。<br>(2)机组段连接时，应对照机组运输段的编号顺序，同时依照机组标明的空气流向进行组装。组装前应将附带的密封保温胶条粘到机组段间的铝框架连接面上(每个分段处只需贴一面)。<br>(3)两个相邻的机组段对接安装，用直尺检查是否对准 | |
| | | 试运转 | 试运转前检查水管是否全部连接上；检查电源配线；检查风管连接；检查排水管道连接；检查过滤器是否正确安装及是否有建筑碎片及其他异物粘上；检查电机和风机轴转动灵活；检查机组水压测试和通风试验 | |

通风机安装如图 1.3.1～图 1.3.7 所示。

**图 1.3.1　风机到场**

风机由厂家运输至指定位置

**图 1.3.2　风机吊装**

吊装时，安排专人现场管理，做好安全防范

**图 1.3.3　风机开箱**

开箱前检查外包装有无受损或受潮。开箱后认证和对设备及各段的名称、规格、型号、技术条件是否符合设计要求，风机安装前必须任意拨动风机叶轮检查是否有因运输受压变形或螺栓碰壳和径向间隙不均等现象，否则应予修复或调整

**图 1.3.4　风机安装**

风机根据不同场合、环境要求，安装方式可分为吊装和落地安装

**图 1.3.5　风机安装后成品保护**

风机安装好后，用塑料薄膜将叶轮处盖住，防止异物进入

**图 1.3.6　风机通过软接与风管连接**

风机外壳与通风管道连接时，不应将通风管的重量加在风机的外壳上

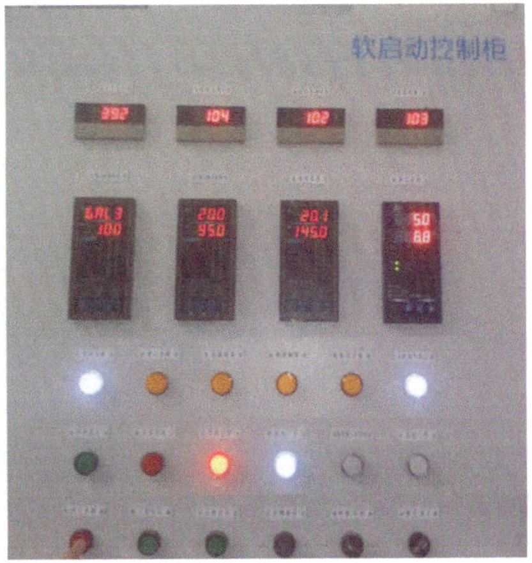


**图 1.3.7　风机试运转**

空调机组安装如图 1.3.8～图 1.3.11 所示。

**图 1.3.8　设备基础验收**

根据安装图对设备基础的强度、外形尺寸、坐标、标高及减振装置进行认真检查

**图 1.3.9　设备开箱检查、运输**

开箱前检查外包装有无受损或受潮。开箱后认证和对设备及各段的名称、规格、型号、技术条件检查是否符合设计要求

**图 1.3.10　机组拼装**

将机组散件运至现场，由厂家专业人员进行机组拼装

**图 1.3.11　试运转**

## 1.4 绝热、防腐施工工艺

| 序号 | 项目 | | 主要控制要点 | 备注 |
|---|---|---|---|---|
| 1.4.1 | 防腐施工 | 除锈 | 可采用人工除锈，用钢丝刷擦拭，直至露出金属光泽，再用布擦净 | |
| | | 表面清理 | 清除油污，采用碱性溶剂进行清洗 | |
| | | 涂漆 | 采用喷枪进行喷涂，喷射的漆流和喷漆面垂直，喷漆面为平面时，喷嘴与喷漆面相距 300 mm；喷漆面如为曲面时，喷嘴与喷漆面的距离为 400 mm。喷涂时，喷嘴均匀移动，速度保持在 15 m/min，喷漆使用的压缩空气压力为 0.3 MPa。手工涂刷采用分层涂刷，每层往复进行，并保持涂层均匀，不漏涂。<br>油漆施工要点：①油漆作业的方法应根据施工要求、涂料的性能、施工条件、设备情况进行选择；<br>②喷涂漆施工的环境温度宜在 5 ℃以上，相对湿度在 85%以下；<br>③每层涂刷不易过厚，以免起皱和影响干燥。如发现不干、皱皮、流挂、露底时，须进行修补或重新涂刷；<br>④表面喷涂面漆时，要尽量涂的薄而均匀。每喷涂一层漆后，应由一个充分干燥的时间（为 24 h），待前一层表干后才能涂下一层 | |
| 1.4.2 | 绝热施工 | 准备 | (1)确认风管上方管道、电气、消防等专业施工基本结束，以免大量交叉作业破坏保温。<br>(2)风管系统安装完毕，经自检质量合格，并向监理报验合格，办理完隐蔽工程检查记录。<br>(3)空调系统漏风量测试合格。<br>(4)施工所需用各种材料已到齐，其材质证明书与合格证书齐全，各项指标符合设计要求，经向监理报验合格，准许使用。<br>(5)将风管表面擦拭干净，擦去表面的灰尘和积水并使其干燥 | |

续上表

| 序号 | 项目 | | 主要控制要点 | 备注 |
|---|---|---|---|---|
| 1.4.2 | 绝热施工 | 粘贴保温钉 | (1)保温钉的粘贴密度为:风管侧面 10 只/$m^2$,底面 16 只/$m^2$,顶面 8 只/$m^2$。钉与钉间距不大于 450 mm,首行保温钉至风管或保温材料边沿的距离应小于 120 mm。<br>(2)粘钉 24 h 后,轻轻用力拉扯保温钉,不松动脱落时,方可铺覆保温材料 | |
| | | 裁剪玻璃棉板材 | 裁板时使用钢锯条,要使保温材料的长边夹住短边,小块的保温材料要尽量使用在风管的上水平面上 | |
| | | 铺覆玻璃棉板材 | (1)将裁好的铝箔玻璃棉板轻轻贴在风管上,稍微用力使保温钉穿出玻璃棉板,经检查确定后,用保温钉压盖将其固定。压盖应松紧适度,均匀压紧。<br>(2)长出压盖的保温钉弯曲过来压平。<br>(3)保温钉铺覆时要使纵、横缝错开,板间拼缝要严密平整。<br>(4)对风管的法兰处要单独进行可靠的保温 | |
| | | 粘铝箔胶带 | 玻璃棉板的拼缝要用铝箔胶带封严。胶带宽度平拼缝处为 50 mm,风管转角处为 80 mm。粘胶带时要用力均匀适度,使胶带牢固地粘贴在铝箔玻璃棉板面上,不得出现胀裂和脱落 | |

防腐和绝热施工如图 1.4.1～图 1.4.10 所示。

**图 1.4.1 除锈**

采用人工除锈，用打磨机磨除或钢丝刷擦拭，直至露出金属光泽，再用布擦净

**图 1.4.2 表面清理**

清除油污，采用碱性溶剂进行清洗

**图 1.4.3 喷涂底漆**

法兰除锈后，内外表面各喷涂铁红防锈漆 2 遍

**图 1.4.4 喷涂面漆**

待防锈漆干燥后，喷涂面漆 2 遍，要注意喷涂均匀

**图 1.4.5　风管表面清理**

将风管表面擦拭干净,擦去表面的灰尘和积水并使其干燥

**图 1.4.6　粘贴保温钉**

将 401 胶分别涂抹在风管外壁和保温钉的黏结面上,待其微干后将其粘上。风管侧面10 只/$m^2$,底面 16 只/$m^2$,顶面 8 只/$m^2$

**图 1.4.7　裁剪玻璃棉板材**

裁板时使用钢锯条,要使保温材料的长边夹住短边,小块的保温材料要尽量使用在风管的上水平面上

**图 1.4.8　铺覆玻璃棉板材**

将裁好的铝箔玻璃棉板轻轻贴在风管上,稍微用力使保温钉穿出玻璃棉板,经检查确定后,用保温钉压盖将其固定

**图 1.4.9　粘贴铝箔胶带**

粘胶带时要用力均匀适度，使胶带牢固地粘贴在铝箔玻璃棉板面上，不得出现胀裂和脱落

**图 1.4.10　保温完成**

保温完成后，检查玻璃棉的铺设是否平整。对风管的法兰处要单独进行可靠的保温

## 1.5 制冷机组及附属设备安装施工工艺

| 序号 | 项目 | | 主要控制要点 | 备注 |
| --- | --- | --- | --- | --- |
| 1.5.1 | 制冷机组安装 | 施工准备 | (1)制冷设备安装前，会同土建、监理和建设单位共同对基础质量进行检查，确认合格后进行中间交接，检查内容主要包括：外形尺寸、平面水平度、中心线、标高、地脚螺栓的深度和间距、埋设件等。<br>(2)制定安全合理的大型制冷设备运输方案和吊装方案，相关的安全措施应落实到位 | |
| 1.5.2 | | 找正和初平 | (1)根据施工图纸按照建筑物的定位轴线弹出设备基础的纵横向中心线，利用铲车、人字拔杆将设备吊至设备基础上进行就位。应注意设备管口方向应符合设计要求，将设备的水平度调整至符合要求。<br>(2)利用平垫铁或斜垫铁对设备进行初平，垫铁的放置位置和数量应符合安装要求。机组安装的纵向和横向水平偏差均不应大于1/1 000，并应在地座或底座平行的加工面上测量 | |
| 1.5.3 | | 精平和基础抹面 | (1)设备初平合格后，应对地脚螺栓孔进行二次灌浆，所用的细石混凝土或水泥砂浆的强度等级，应比基础强度等级高1～2级。灌浆前应清理孔内的污物、泥土等杂物。每个孔洞灌浆必须一次完成，分层捣实，并保持螺栓处于垂直状态。待其强度达到70%以上时，方能拧紧地脚螺栓。<br>(2)设备精平后应及时电焊垫铁，设备底座与基础表面间的空隙应用混凝土填满，并将垫铁埋在混凝土内，灌浆层上表面应略有坡度，以防油、水流入设备底座，抹面砂浆应密实、表面光滑美观。<br>(3)利用水平仪法或铅垂线法在冷媒罐加工面、底座或与底座平行的加工面上测量，对设备进行精平，使机身纵、横向水平度的允许偏差为1/1 000，并应符合设备技术文件的规定 | |

制冷机组安装，如图 1.5.1～图 1.5.5 所示。

**图 1.5.1　施工准备(设备到场)**

制冷设备由厂家运输至指定位置

**图 1.5.2　施工准备(运输)**

利用液压车或吊链将设备运至设备基础附近就位

**图 1.5.3　施工准备(开箱)**

制冷机组安装前，由供货商、安装商、服务商、业主、监理共同进行开箱验收

**图 1.5.4　找正和初平**

检查内容主要包括：外形尺寸、平面水平度、中心线、标高、地脚螺栓的深度和间距、埋设件等

**图 1.5.5　设备精平及找面**

检查内容主要包括：外形尺寸、平面的水平度、中心线、标高、地脚螺栓的深度和间距、埋设件等

## 1.6 空调水系统安装施工工艺

| 序号 | 项目 | | 主要控制要点 | 备注 |
|---|---|---|---|---|
| 1.6.1 | 空调水系统安装 | 测量放线 | (1)放线程序:校对施工图和测量器具,标示支吊架位置尺寸,管道定位、弹线,支架定位、弹线。<br>(2)管道放线由总管到干管,再到支管进行放线定位。放线前,逐层、逐区域进行细部会审,使各管线互不交叉,同时留出保温、绝热及其他操作空间。<br>(3)管道在室内安装以建筑轴线定位,同时又以墙、柱、梁为依托。定位时,按施工图确定的走向和轴线位置,在墙(柱)上弹线,画出管道安装的定位坡度线,在机房、地沟内,并行多种管道,定位难度大,采用打钢钎拉钢线的方法,将各并行管道的位置、标高确定下来,以便于下一步支架的制作和安装,定位坡度线以管线的管底标高作为管道坡度的基准。<br>(4)对立管放线时,打穿各楼层总立管预留孔洞,自上而下吊线坠,弹出总立管安装的垂直中心线,作为总立管定位与安装的基准线。<br>(5)放线时,对支吊架的设置位置也要认真考虑,特别是管径较小的管道防晃支架设置,要尽可能利用柱子或混凝土墙、梁体边,依托柱或墙做防晃支架 | |
| 1.6.2 | | 管道支吊架的制作与安装 | (1)支架构件预制加工<br>下料前,先将型钢调直。下料时尽量采用砂轮切割机切割型钢,现场用气割切断时,应将切口用砂轮将氧化层磨光,切口表面应垂直。用台钻钻孔,不得使用氧乙炔焰吹割孔;煨制要圆滑均匀。各种支吊架要无毛刺、豁口、漏焊等缺陷,支架制作或安装后要及时刷漆防腐。支架的形式按设计要求进行加工,其标高须使管道安装后的标高与设计相符。<br>(2)现场安装<br>①管道安装时要及时调整支、吊架,支、吊架位置要准确,安装平整牢固,与管子接触紧密;固定支架必须安装在设计规定的位置上,不得任意移动;在支架上固定管道,采用U形管卡;制作 | |

续上表

| 序号 | 项目 | | 主要控制要点 | 备注 |
|---|---|---|---|---|
| 1.6.2 | 空调水系统安装 | 管道支吊架的制作与安装 | 固定管卡时，卡圈必须与管子外径紧密吻合、紧固件大小与管径匹配，拧紧固定螺母后，管子要牢固不动；<br>②无热位移的管道，其吊杆垂直安装；有热位移的管道，吊点设在位移的相反方向，按位移值的 1/2 偏位安装；管道安装过程中使用临时支、吊架时，不得与正式支、吊架位置冲突，做好标记，并在管道安装完毕后予以拆除；大管径管道上的阀门单独设支架支撑；保温管道与支架之间要用经过防腐处理的木衬垫隔开，木垫厚度同保温层厚度 | |
| 1.6.3 | | 管道安装 | (1)管道安装工艺流程：安装准备→滚槽→开孔、安装机械三通、四通→管道安装→系统试压。<br>(2)安装准备：<br>①检查开孔机、滚槽机、切管机是否正常，确保安全使用；<br>②材料、工具的准备，包括管材、卷尺、扳手、水平仪、润滑剂、木榔头等；<br>③按设计要求装好待装的管道支吊架。<br>(3)滚槽：<br>①用切管机将镀锌钢管按需要的长度切割，用水平仪检查切口断面，确保切口断面与管中轴线垂直；切口如果有毛刺，用专用工具去掉两端塑料和钢管毛刺，将衬塑层厚度 1/2 倒角。<br>②将需要加工沟槽的管材加设在滚槽机和滚槽机尾架上，用水平仪抄平，使钢管处于水平位置。<br>③将钢管加工断面紧贴滚槽机，使钢管中轴线与滚轮面垂直。<br>④缓缓压下千斤顶，使上压轮贴紧钢管，开动滚槽机，使滚轮转动一周，此时注意观察钢管断面是否仍与滚槽机贴紧，如果未贴紧，应调整管子至水平；如果已贴紧，徐徐压下千斤顶，使上压轮均匀滚压钢管至预定沟槽深度为止。<br>⑤停机，用游标卡尺检查沟槽深度和宽度，确认符合标准要求后，将千斤顶卸荷，取出钢管。<br>镀锌钢管滚槽的基本参数： | |

续上表

<table>
<tr><th>序号</th><th colspan="2">项目</th><th>主要控制要点</th><th>备注</th></tr>
<tr><td>1.6.3</td><td rowspan="2">空调水系统安装</td><td>管道安装</td><td>
<table>
<tr><th>钢管外径(mm)</th><th>沟槽宽度(mm)</th><th>沟槽深度(mm)</th></tr>
<tr><td>114</td><td>9.5～10</td><td>2.2～2.7</td></tr>
<tr><td>140</td><td>9.5～10</td><td>2.2～2.7</td></tr>
<tr><td>165</td><td>9.5～10</td><td>2.2～2.7</td></tr>
<tr><td>219</td><td>13～13.5</td><td>2.5～3.0</td></tr>
<tr><td>273</td><td>13～13.5</td><td>2.5～3.0</td></tr>
</table>
(4)开孔、安装机械三通、四通：<br>
①在钢管上弹墨线，确定接头支管开孔位置。<br>
②将链条开孔机固定于钢管预定开孔位置处。<br>
③启动电动机，转动手轮，使钻头缓慢靠近钢管，同时在开孔钻头处添加润滑剂，以保护钻头，完成在钢管上开孔。<br>
④停机，摇动手轮，打开链条，取下开孔机，清理钻落金属块和开孔部位残渣，并用砂轮机将孔洞打磨光滑。<br>
⑤将卡箍套在钢管上，注意机械三通应与孔洞同心，橡胶密封圈与孔洞间隙均匀，紧固螺栓到位。<br>
⑥若为机械四通，开孔时一定要注意保证钢管两侧的孔同心，否则当安装完毕，可能导致橡胶圈破裂，且影响过水面积。<br>
(5)管道安装：按照先装大口径、总管、立管，后装小口径、分管的原则，在安装过程中，必须按顺序连续安装，不可跳装、分段装，以免出现段与段之间连接困难和影响管路整体性能
</td><td></td></tr>
<tr><td>1.6.4</td><td>阀门及其他附件安装</td><td>(1)阀门安装的位置除施工图注明尺寸以外，一般就现场情况，做到不妨碍设备的操作和维修，同时也便于阀门自身的拆装和检修。<br>
(2)水平管道上的阀门安装位置尽量保证手轮朝上或者倾斜45°或者水平安装，不得朝下安装。</td><td></td></tr>
</table>

续上表

| 序号 | 项目 | | 主要控制要点 | 备注 |
| --- | --- | --- | --- | --- |
| 1.6.4 | 空调水系统安装 | 阀门及其他附件安装 | (3)选用法兰盘的厚度、螺栓孔数、水线加工、有关直径等几何尺寸应符合管道工作压力的相应要求。<br>(4)法兰与管道焊接连接时，插入法兰盘的管子端部距法兰盘内端面为管壁厚度的1.3～1.5倍，便于焊接。焊接法兰时，保证管子与法兰端面垂直，用法兰靠尺从相隔90°两个方向度量，里外施焊。<br>(5)法兰连接的管道应注意：法兰应垂直于管道中心线，其表面应相互平行。<br>(6)连接法兰的螺栓、螺杆突出螺母长度不宜大于螺杆直径的1/2。螺栓同法兰配套，安装方向一致，扭力对称均匀；法兰平面同管轴线垂直，偏差不得超标，并不得用拧螺栓的方法调整。<br>(7)阀门等法兰盘与钢管法兰盘平行，一般误差应小于2 mm。<br>(8)大型阀门吊装时，应将绳索拴在阀体上，不准将绳索系在阀杆、手轮上。安装阀门时注意介质的流向，截止阀及止回阀不允许反装。<br>(9)螺纹式阀门，要保持螺纹完整，按介质不同涂以密封填料物，拧紧后螺纹应有3丝的预留量。<br>(10)过滤器：安装时要将清扫部位朝下，并要便于拆卸。<br>(11)管路上的温度计、压力表安装要便于观测、操作及维修 | |
| 1.6.5 | | 管道试压 | (1)连接安装水压试验管路<br>根据水源的位置和管路系统情况，制定出试压方案和技术措施。根据试压方案连接试压管路。<br>(2)灌水前的检查<br>①检查试压系统中的管道、设备、阀件、固定支架等是否按照施工图纸和设计变更内容全部施工完毕，并符合有关规范要求； | |

续上表

| 序号 | 项目 | | 主要控制要点 | 备注 |
|---|---|---|---|---|
| 1.6.5 | 空调水系统安装 | 管道试压 | ②对于不能参与试验的系统、设备、仪表及管道附件是否已采取安全可靠的隔离措施；<br>③试压用的压力表是否已经校验，其精度等级不得低于1.5级，表盘的最大刻度值应符合试验要求；<br>④试压试验前的安全措施是否已经全部落实到位。<br>(3)水压试验<br>①打开水压试验管路中阀门，开始向系统注水；<br>②开启系统上各高处的排气阀，使管道内的空气排尽；灌满水后，关闭排气阀和进水阀，停止向系统注水；<br>③打开连接加压泵的阀门，用电动式或手动试压泵通过管路向系统加压，同时拧开压力表上的旋塞阀，观察压力表升高情况，一般分2～3次升至试验压力；在此过程中，每加压至一定数值时，应停下来对管道进行全面检查，无异常现象方可再继续加压；<br>④系统试压达到验收标准后，放掉管道内的全部存水，填写试验记录 | |

空调水系统安装，如图 1.6.1～图 1.6.12 所示。

**图 1.6.1　测量放线**

校核施工图和测量器具，标示支吊架位置尺寸，管道定位、弹线，支架定位、弹线

**图 1.6.2　管道支吊架制作(一)**

按照设计要求标高等对支架型钢进行测量标注，为支架预制做准备

**图 1.6.3　管道支吊架制作(二)**

支吊架制作完成后及时刷防腐漆

**图 1.6.4　支吊架安装**

支吊架安装位置要准确，安装平整牢固，与管子接触紧密。保温管道与支架之间要用经过防腐处理的木衬垫隔开，厚度同保温层

**图 1.6.5　管道安装(准备)**

检查试验开孔机、滚槽机、切管机是否正常，确保安全使用

**图 1.6.6　管道安装(切割)**

切管机将内筋嵌入式衬塑钢管按需要的长度切割，用水平仪检查切口断面，确保切口断面与管中轴线垂直

**图 1.6.7　管道安装(滚槽)**

钢管加工断面紧贴滚槽机，使钢管中轴线与滚轮面垂直，徐徐压下千斤顶，使上压轮均匀滚压钢管至预定沟槽深度为止

**图 1.6.8　管道安装(开孔)**

在钢管上弹墨线，确定接头支管开孔位置，链条开孔机固定应牢靠

**图 1.6.9　管道安装**

管道安装按照先装大口径、总管、立管，后装小口径、分管的原则，按顺序连续安装，不可跳装、分段装

**图 1.6.10　阀件及其他附件安装(一)**

水平管道上的阀门安装位置尽量保证手轮朝上或者倾斜 45°或者水平安装，不得朝下安装

**图 1.6.11　阀件及其他附件安装(二)**

管路上的温度计、压力表安装要便于观测、便于操作及维修

**图 1.6.12　管道试压**

每加压至一定数值时，应停下来对管道进行全面检查，无异常现象方可再继续加压

## 1.7 空调水系统设备安装施工工艺

| 序号 | 项目 | | 主要控制要点 | 备注 |
|---|---|---|---|---|
| 1.7.1 | 冷却塔安装 | 土建基础浇筑 | 安装前应对支腿基础进行检查，冷却塔的支腿基础标高应位于同一水平面上，高度允许误差为±20 mm | |
| | | 冷却塔安装 | (1)塔体立柱腿与基础预埋钢板和地脚螺栓连接时，应找平找正，连接稳定牢固。冷却塔各部位的连接件应采用热镀锌或不锈钢螺栓。<br>(2)收水器安装后片体不得有变形，集水盘的拼接缝处应严密不渗漏。<br>(3)冷却塔的出水口及喷嘴的方向和位置应正确。<br>(4)风筒组装应保证风筒的圆度，尤其是喉部尺寸。<br>(5)风机组装应严格按照风机安装的标准进行，安装后风机的叶片角度应一致，叶片端部与风筒壁的间隙应均匀。<br>(6)冷却塔的填料安装应疏密适中、间距均匀，四周要与冷却塔内壁紧贴，块体之间无间隙。<br>(7)单台冷却塔安装水平度和垂直度允许偏差均为 2/1 000。同一冷却系统的多台冷却塔安装时，各台冷却塔的水平高度应一致，高度差不应大于 30 mm | |
| 1.7.2 | 空调水泵安装 | 基础检验 | 施工前，应对土建施工的基础进行复查验收，特别是基础尺寸、标高、轴线、预留空洞等应符合设计要求。基础表面平整、混凝土强度达到设备安装要求 | |
| | | 设备开箱检查 | 水泵安装前，检查水泵的名称、规格型号，核对水泵铭牌的技术参数是否符合设计要求；水泵外观应完好，无锈蚀或损坏；根据设备装箱清单，核对所带的零部件是否齐全，有无缺损和锈蚀 | |
| | | 吊装就位 | 水泵吊装时，吊钩、索具、钢丝绳应挂在底座或泵体和电机的吊环上；不允许挂在水泵或电机的轴、轴承座或泵的进出口法兰上 | |

续上表

| 序号 | 项目 | | 主要控制要点 | 备注 |
|---|---|---|---|---|
| 1.7.2 | 空调水泵安装 | 找平找正 | (1)水泵就位在基础上,装上地脚螺栓,用平垫铁和斜垫铁对水泵进行找平找正,并拧上地脚螺栓的螺母。<br>(2)地脚螺栓二次灌浆时,应保持螺栓处于垂直状态,混凝土的强度要比基础高1～2级,且不低于C25,并做好对地脚螺栓的保护工作。<br>(3)用水平仪和线坠在水泵进出口法兰和底座加工面上测量,对水泵进行精平工作,使整体安装的水泵纵向水平度偏差不应大于0.1/1 000,横向水平度偏差不应大于0.2/1 000;整体安装的水泵纵、横向水平偏差均不应大于0.05/1 000。<br>(4)水泵与电机采用联轴器连接时,用百分表在联轴器的轴向和径向进行测量和调整,使两轴心的允许偏差:轴向倾斜不应大于0.2/1 000,径向位移不应大于0.05 mm。<br>(5)有隔振要求的水泵安装,其橡胶减振垫或减振器的规格型号和安装位置应符合设计要求 | |

空调水系统设备安装(冷却塔安装),如图 1.7.1 和图 1.7.2 所示。

**图 1.7.1　土建基础浇筑**

安装前应对支腿基础进行检查,冷却塔的支腿基础标高应位于同一水平面上,高度允许误差为±20 mm(基础应防止沉降)

**图 1.7.2　冷却塔安装**

塔体立柱腿与基础预埋钢板和地脚螺栓连接时,应找平找正,连接稳定牢固

空调水泵安装，如图 1.7.3～图 1.7.6 所示。

**图 1.7.3　基础检验**

施工前，应对土建施工的基础进行复查验收

**图 1.7.4　空调泵开箱**

空调泵安装前，由供货商、安装商、服务商、业主、监理共同进行开箱验收

**图 1.7.5　空调泵安装**

整体安装的水泵纵向水平度偏差不应大于 0.1/1 000，横向水平度偏差不应大于 0.2/1 000

**图 1.7.6　找正找平**

整体安装的水泵纵、横向水平偏差均不应大于 0.05/1 000

## 1.8 空调水系统保温

| 序号 | 项目 | | 主要控制要点 | 备注 |
|---|---|---|---|---|
| 1.8.1 | 空调水系统保温 | 绝热层 | (1)直管段立管应自下而上顺序进行,水平管应从一侧或弯头直管段处顺序进行。<br>(2)硬质绝热层管壳,可采用16~18号镀锌钢丝双股捆扎,捆扎的距离不应大于400 mm,并用黏结材料紧贴在管道上,管壳之间的缝隙不应大于2 mm,并用黏结材料勾缝填满,环缝应错开,错开距离不小于75 mm,管壳缝隙设在管道轴线的左右侧,当绝热层大于80 mm时,绝热层应分层铺设,层间应压缝。<br>(3)半硬质及软质材料制品的绝热层可采用包装钢带或14~16号镀锌钢丝进行捆扎,其捆扎的间距,对半硬质绝缘热制品不应大于300 mm,对软质不大于200 mm。<br>(4)每块绝热制品上捆扎件不得少于两道。<br>(5)不得采用螺旋式缠绕捆扎。<br>(6)弯头处应采用定型的弯头管壳或用直管壳加工成虾米腰块,每个应不少于3块,确保管壳与管壁紧密结合,美观平滑。<br>(7)设备管道上的阀门、法兰及其他可拆卸部件保温材料时两侧应留出螺栓长度加25 mm的空隙。阀门、法兰部位则应单独进行保温处理 | |
| 1.8.2 | | 防潮层 | (1)垂直管应自下而上,水平管应从低到高顺序进行,环向搭缝口应朝向低端。<br>(2)防潮层应紧紧粘贴在隔热层上,封闭良好,厚度均匀松紧适度,无气泡、折皱、裂缝等缺陷。<br>(3)用卷材作防潮层,可用螺旋形缠绕的方式牢固粘贴在隔热层上,开头处应缠两圈后再螺旋形缠绕,搭接宽度为30~50 mm。<br>(4)用油毡纸做防潮层,可用包卷的方法包扎,搭接宽度为50~60 mm。油毡接口朝下,并用沥青玛碲脂密封,每300 mm扎镀锌钢丝或铁箍一道 | |

续上表

| 序号 | 项目 | | 主要控制要点 | 备注 |
| --- | --- | --- | --- | --- |
| 1.8.3 | 空调水系统保温 | 保护层 | 保温结构的外表必须设置保护层(保壳),一般采用玻璃丝布、塑料布、油毡包缠或采用金属护壳。<br>(1)用玻璃丝布缠裹,垂直管应自下而上,水平管则应从最低点向最高点顺序进行,开始应缠裹两圈后再呈螺旋状缠裹,搭设宽度应为 1/2 布宽,起点和终点应用胶黏剂或镀锌钢丝捆扎。应缠裹严密,搭设宽度均匀一致,无松脱、翻边、皱折和鼓包,表面应平整。<br>(2)玻璃丝布刷涂料或油漆,刷涂前应清除管道表面上的尘土、油污。油刷上沾的涂料不宜太多,以防滴落在地上或其他设备上。<br>(3)金属保护层的材料当采用普通钢板时,其里外表必须涂敷防锈涂料。立管应自上而下,水平管应从管道低处向高处顺序进行,使横向搭接缝口朝顺坡方向。纵向搭设应放在管子两侧,缝口朝下。如采用平搭缝,其搭缝宜为 30～40 mm。有防潮层的保温不得使用自攻螺栓,以免刺破防潮层,保护层端头应封闭 | |

空调水系统保温如图 1.8.1～图 1.8.3 所示。

**图 1.8.1　绝热层**

水管保温应先进行绝热层的保温，保证空调水管与外界绝热

**图 1.8.2　防潮层**

防潮层应紧紧粘贴在隔热层上，封闭良好、厚度均匀、松紧适度，无气泡、折皱、裂缝等缺陷

**图 1.8.3　保护层**

金属保护层的材料，宜采用薄铝合金板

# 2　给排水施工

## 2.1　给水系统安装

| 序号 | 项目 | | 主要控制要点 | 备注 |
|---|---|---|---|---|
| 2.1.1 | 给水管道及配件安装 | 测量放线 | (1)放线程序:校对施工图和测量器具,标示支吊架位置尺寸,管道定位、弹线,支架定位、弹线。<br>(2)管道放线由总管到干管,再到支管进行放线定位。放线前,逐层、逐区域进行细部会审,使各管线互不交叉,同时留出保温、绝热及其他操作空间。<br>(3)管道在室内安装以建筑轴线定位,同时又以墙、柱、梁为依托。定位时,按施工图确定的走向和轴线位置,在墙(柱)上弹线,画出管道安装的定位坡度线,在机房、地沟内,并行多种管道,定位难度大,采用打钢钎拉钢线的方法,将各并行管道的位置、标高确定下来,以便于下一步支架的制作和安装,定位坡度线以管线的管底标高作为管道坡度的基准。<br>(4)对立管放线时,打穿各楼层总立管预留孔洞,自上而下吊线坠,弹出总立管安装的垂直中心线,作为总立管定位与安装的基准线。<br>(5)放线时,对支吊架的设置位置也要认真考虑,特别是管径较小的管道(如喷淋管道)的防晃支架设置,要尽可能利用柱子或混凝土墙、梁体边,依托柱或墙做防晃支架 | |
| | | 管道支吊架制作与安装 | (1)支架构件预制加工<br>①下料前,先将型钢调直;下料时尽量采用砂轮切割机切割型钢,现场用气割切断时,应将切口用砂轮将氧化层磨光,切口表面应垂直;<br>②用台钻钻孔,不得使用氧乙炔焰吹割孔;煨制要圆滑均匀,各种支吊架要无毛刺、豁口、漏焊等缺陷,支架制作或安装后要及时刷漆防腐; | |

续上表

| 序号 | 项目 | | 主要控制要点 | 备注 |
|---|---|---|---|---|
| 2.1.1 | 给水管道及配件安装 | 管道支吊架制作与安装 | ③支架的形式按设计要求进行加工，其标高须使管道安装后的标高与设计相符。<br>(2)现场安装<br>①管道安装时要及时调整支、吊架；支、吊架位置要准确，安装平整牢固，与管子接触紧密。固定支架必须安装在设计规定的位置上，不得任意移动。在支架上固定管道，采用U形管卡；制作固定管卡时，卡圈必须与管子外径紧密吻合，紧固件大小与管径匹配，拧紧固定螺母后，管子要牢固不动；<br>②无热位移的管道，其吊杆垂直安装。有热位移的管道，吊点设在位移的相反方向，按位移值的1/2偏位安装；<br>③管道安装过程中使用临时支、吊架时，不得与正式支、吊架位置冲突，做好标记，并在管道安装完毕后予以拆除；<br>④大管径管道上的阀门单独设支架支撑。保温管道与支架之间要用经过防腐处理的木衬垫隔开，木垫厚度同保温层厚度 | |
| | | 管道安装 | (1)生产生活给水系统管道采用不锈钢管螺纹连接，按下列步骤进行：<br>①断管：根据现场测绘草图，在选好的管材上画线，按线断管；管材切割完毕后套丝之前，清理好毛刺；管道下料时考虑管道变径的位置，当管道变径时，宜采用异径接头。<br>②套丝：将断好的管材，按管径尺寸分次套制丝扣，一般以管径15～32 mm者套二次，40～50 mm者套三次，70 mm以上者套3～4次为宜。<br>③配装管件：根据现场测绘草图，将已套好丝扣的管材，配装管件。<br>④管段调直：将已装好管件的管段，在安装前进行调直。<br>⑤管道螺纹连接时，在管子的外螺纹与管件或阀件的内螺纹之间加油麻，先将麻丝抖松成薄而均匀的纤维，从螺纹的第二扣开始沿螺纹方向进行缠绕，缠绕好后表面沿螺纹方向涂白厚漆，然后拧上管件，再用管钳收紧；安装完毕的管道丝扣外漏2～3丝；管钳施力位置与管件的距离为150 mm；填料缠绕要适当，不得把白厚漆、麻丝从管端下垂挤入管腔，以免堵塞管路。 | |

续上表

| 序号 | 项目 | | 主要控制要点 | 备注 |
|---|---|---|---|---|
| 2.1.1 | 给水管道及配件安装 | 管道安装 | ⑥管道施工完毕后，将麻丝清理干净，并使用专业美纹纸进行外露丝扣的防锈漆粉刷；防锈漆粉刷宽度为 30 mm，DN65 的管道防锈漆粉刷宽度为 50 mm；要求粉刷整齐，整体化一；管钳破坏镀锌层处粉刷防锈漆，粉刷时使用专业美纹纸，宽度统一为 50 mm，以保证观感质量。 | |
| | | | (2)消防给水系统干管道采用镀锌钢管，按下列步骤进行： | |
| | | | ①滚槽 | |
| | | | a. 用切管机将内筋嵌入式衬塑钢管按需要的长度切割，用水平仪检查切口断面，确保切口断面与管中轴线垂直；切口如果有毛刺，用专用工具去掉两端塑料和钢管毛刺，将衬塑层厚度 1/2 倒角。 | |
| | | | b. 将需要加工沟槽的管材加设在滚槽机和滚槽机尾架上，用水平仪抄平，使钢管处于水平位置。 | |
| | | | c. 将钢管加工断面紧贴滚槽机，使钢管中轴线与滚轮面垂直。 | |
| | | | d. 缓缓压下千斤顶，使上压轮贴紧钢管，开动滚槽机，使滚轮转动一周，此时注意观察钢管断面是否仍与滚槽机贴紧，如果未贴紧，应调整管子至水平；如果已贴紧，徐徐压下千斤顶，使上压轮均匀滚压钢管至预定沟槽深度为止。 | |
| | | | e. 停机，用游标卡尺检查沟槽深度和宽度，确认符合标准要求后，将千斤顶卸荷，取出钢管。 | |
| | | | ②开孔、安装机械三通、四通 | |
| | | | a. 在钢管上弹墨线，确定接头支管开孔位置。 | |
| | | | b. 将链条开孔机固定于钢管预定开孔位置处。 | |
| | | | c. 启动电动机，转动手轮，使钻头缓慢靠近钢管，同时在开孔钻头处添加润滑剂，以保护钻头，完成在钢管上开孔。 | |
| | | | d. 停机，摇动手轮，打开链条，取下开孔机，清理钻落金属块和开孔部位残渣，并用砂轮机将孔洞打磨光滑。 | |
| | | | e. 将卡箍套在钢管上，注意机械三通应与孔洞同心，橡胶密封圈与孔洞间隙均匀，紧固螺栓到位。 | |
| | | | f. 若为机械四通，开孔时一定要注意保证钢管两侧的孔同心，否则当安装完毕，可能导致橡胶圈破裂，且影响过水面积 | |

续上表

| 序号 | 项目 | | 主要控制要点 | 备注 |
| --- | --- | --- | --- | --- |
| 2.1.1 | 给水管道及配件安装 | 阀门及其他附件安装 | (1)安装前按设计要求,检查其种类、规格、型号及质量,阀杆不得弯曲,按规定对阀门进行试压,检验是否泄漏。阀门进场后先随机抽取10%作阀门打压试验,阀门的强度试验压力为公称压力的1.5倍,严密性试验的压力为公称压力的1.1倍。如全部合格则其余免检,否则应扩大试验范围,当不合格率达到50%以上时,阀门全部退货。<br>(2)阀门安装的位置除施工图注明尺寸以外,一般就现场情况,做到不妨碍设备的操作和维修,同时也便于阀门自身的拆装和检修 | |
| | | 管道冲洗、试压 | (1)冲洗:生活给水管系统安装完毕后应进行冲洗,用含80~120 mg/L游离氯的水灌满并滞留24 h以上进行消毒后,再用洁净水冲洗,并经过有关部门取样检验,合格后方可交付使用,并做好记录。<br>(2)试压:<br>①打开水压试验管路中阀门,开始向系统注水。<br>②开启系统上各高处的排气阀,使管道内的空气排尽;待灌满水后,关闭排气阀和进水阀,停止向系统注水。<br>③打开连接加压泵的阀门,用电动式或手动试压泵通过管路向系统加压,同时拧开压力表上的旋塞阀,观察压力表升高情况,一般分2~3次升至试验压力;在此过程中,每加压至一定数值时,应停下来对管道进行全面检查,无异常现象方可再继续加压。<br>④系统试压达到合格验收标准后,放掉管道内的全部存水,填写试验记录 | |
| | | 管道防腐和保温 | 风道、出入口通道内和室外,明设的生活给水管道、消防管道、压力污水管、压力废水管、明露在室外的冷却水管及管道上设置的阀门、配件、地上式水泵接合器和室外消火栓应设置防冻保温措施。室内冷却水管不设保温。吊顶内或穿越走道及管理用房的生产、生活给水管应设置防结露保温措施。保温材料的绝热层采用离心玻璃棉,管道公称直径DN<150时,防冻保温厚度为40 mm;管道公称直径DN≥150时,防冻保温厚度为50 mm,防结露保温厚度为20 mm。保温层外包不燃性玻璃布复合铝箔防潮层,并在防潮层外表面包铝合金薄板,保护层厚度为0.6 mm。 | |

续上表

| 序号 | 项目 | | 主要控制要点 | 备注 |
|---|---|---|---|---|
| 2.1.1 | 给水管道及配件安装 | 管道防腐和保温 | (1)直管段立管应自下而上顺序进行,水平管应从一侧或弯头直管段处顺序进行。<br>(2)硬质绝热层管壳,可采用16～18号镀锌钢丝双股捆扎,捆扎的距离不应大于400 mm,并用黏结材料紧贴在管道上,管壳之间的缝隙不应大于2 mm,并用黏结材料勾缝填满,环缝应错开,错开距离不小于75 mm,管壳缝隙设在管道轴线的左右侧,当绝热层大于80 mm时,绝热层应分层铺设,层间应压缝。<br>(3)半硬质及软质材料制品的绝热层可采用包装钢带或14～16号镀锌钢丝进行捆扎,其捆扎的间距,对半硬质绝缘热制品不应大于300 mm,对软质不大于200 mm。<br>(4)每块绝热制品上捆扎件不得少于两道。<br>(5)不得采用螺旋式缠绕捆扎。<br>(6)设备管道上的阀门、法兰及其他可拆卸部件保温材料时两侧应留出螺栓长度加25 mm的空隙。阀门、法兰部位则应单独进行保温处理。<br>(7)遇到三通处应先做主干管,后做分支管。凡穿过建筑物保温管的套管,与管子四周间隙应用保温材料堵塞紧密 | |
| 2.1.2 | 消火栓系统安装 | 消防水泵安装 | (1)水泵就位前,对基础的尺寸位置、标高进行验收,确认是否符合设计要求。<br>(2)水泵型号要与设计相符,动力机械与水泵功率匹配;产品合格证、产品说明及配件齐全,进行一次外观质量检查。<br>(3)水泵就位前检查基础预埋的递交螺栓位置是否与到货水泵相符,螺栓大小、材质、垂直度是否满足要求,水泵就位后,拧紧螺栓,使螺母、垫圈及底座间紧密接触;垫铁组要放置平稳,位置正确,接触紧密,每组不超过三块,垫铁之间点焊,防止滑动。<br>(4)水泵与基础或支架间采用0～20 mm厚的橡胶减振垫进行减振处理。水泵安装时减振器的受力均匀,水泵进水口处设置橡胶软接头,水泵的轴承温度运转时不得过高。<br>(5)泵的纵向水平度不超过0.1/1 000,横向安装水平偏差不大于0.2/1 000。<br>(6)电动机的电流不得超过额定值,运转中无较大振动,声音正常,各固定连接部位不能有松动 | |

续上表

| 序号 | 项目 | | 主要控制要点 | 备注 |
|---|---|---|---|---|
| 2.1.2 | 消火栓系统安装 | 消防水泵安装 | 现象，管道连接牢固无渗漏，滚动轴承最高温度不得超过 70 ℃，润滑油不得有渗漏和雾状喷油现象，机械密封的泄漏量不能大于 5 mL/h。<br>(7)中心线的平面位移允许偏差±10 mm；标高允许偏差±10 mm。所有设备安装完毕后，进行运行试验，试验压力及泵的启、停压力需符合设计要求 | |
| | | 干、立管安装 | (1)消火栓系统干管(≥DN65)安装同消防给水干管道沟槽连接工艺。<br>(2)消火栓系统干管(≤DN50)采用螺纹连接工艺。<br>①断管：根据现场测绘草图，在选好的管材上画线，按线断管；管材切割完毕后套丝之前，清理好毛刺；管道下料时考虑管道变径的位置，当管道变径时，宜采用异径接头。<br>②套丝：将断好的管材，按管径尺寸分次套制丝扣，一般以管径 15～32 mm 者套二次，40～50 mm者套三次，70 mm 以上者套 3～4 次为宜。<br>③配装管件：根据现场测绘草图，将已套好丝扣的管材，配装管件。<br>④管段调直：将已装好管件的管段，在安装前进行调直。<br>⑤管道螺纹连接时，在管子的外螺纹与管件或阀件的内螺纹之间加油麻，先将麻丝抖松成薄而均匀的纤维，从螺纹的第二扣开始沿螺纹方向进行缠绕，缠绕好后表面沿螺纹方向涂白厚漆，然后拧上管件，再用管钳收紧；安装完毕的管道丝扣外漏 2～3 丝；管钳施力位置与管件的距离为 150 mm；填料缠绕要适当，不得把白厚漆、麻丝从管端下垂挤入管腔，以免堵塞管路。<br>⑥管道施工完毕后，将麻丝清理干净，并使用专业美纹纸进行外露丝扣的防锈漆粉刷；防锈漆粉刷宽度为 30 mm，DN65 的管道防锈漆粉刷宽度为 50 mm；要求粉刷整齐，整体化一；管钳破坏镀锌层处粉刷防锈漆，粉刷时使用专业美纹纸，宽度统一为 50 mm，以保证观感质量。<br>(3)立管安装<br>①立管暗装在竖井内时，在管井内预埋铁件上安装卡件固定，立管底部的支、吊架要牢固，防止立管下坠。<br>②立管明装时每层楼板要预留孔洞，立管可随结构穿入，以减少立管接口 | |

续上表

| 序号 | 项目 | | 主要控制要点 | 备注 |
|---|---|---|---|---|
| 2.1.2 | 消火栓系统安装 | 消火栓安装 | (1)消火栓箱体要符合设计要求，栓阀有单出口和双出口两种。产品均应有消防部门的制造许可证及合格证方可使用。<br>(2)消火栓支管要以栓阀的坐标、标高定位栓口，核定后再稳固消火栓箱，箱体找正稳固后再把栓阀安装好，栓阀装在箱内时应在箱门开启的一侧，箱门开启应灵活。<br>(3)消火栓箱体安装在轻质隔墙上时，应有加固措施。<br>(4)室内消火栓栓口的安装高度应便于消防水龙带的连接和使用，其距地面高度宜为 1.1 m；出水方向宜与设置消火栓的墙面成 90°角或向下 | |
| | | 消防箱安装 | (1)消火栓箱的规格、信号及左、右开门，暗装、明装等应按设计图纸核对无误后，再进行订货、安装。<br>(2)消火栓支管与立管的接口要以栓阀的坐标、标高定位，箱体找正稳固后再将栓阀与支管连接。<br>(3)暗装消火栓箱体时，应与电气、装修密切配合，保持整体美观。明装消火栓箱体时，要按标准图集要求固定箱体，如果墙体为轻质隔墙应做固定支架。<br>(4)消火栓阀门与启泵报警按钮应布置在靠近开门一侧。<br>(5)消火栓箱内的火龙带、水枪及快速接头等绑扎好后，应根据箱内构造将水龙带挂好放在箱内的挂钉、托管或支架上 | |
| | | 试压 | 消防管道试压可分层、分段进行，上水时最高点要有排气装置，高低点各装一块压力表，上满水后检查管路有无渗漏，如有法兰、阀门等部位渗漏，应在加压前紧固，升压后再出现渗漏时做好标记，卸压后处理。必要时泄水处理。试压环境温度不得低于+5 ℃，当低于 5 ℃时，水压试验应采取防冻措施。当系统设计工作压力等于或小于 1.0 MPa 时，水压强度试验压力应为设计工作压力的 1.5 倍，并不低 1.4 MPa；当系统设计工作压力大于 1.0 MPa 时，水压强度试验压力应为该工作压力加 0.4 MPa。水压强度试验的测试点应设在系统管网最低点。对管网注水时，应将管网内的空气排净，并应缓慢升压，达到试验压力后，稳压 30 min，目测管网应无泄漏和无变形，且压力降不大于 0.05 MPa。水压严密性试验应在水压强度试验和管网冲洗合格后进行。试验压力应为设计工作压力，稳压 24 h，应无泄漏。试压合格后及时办理验收手续 | |

给水管道及配件安装，如图 2.1.1～图 2.1.11 所示。

**图 2.1.1　测量放线**

校核施工图和测量器具，标示支吊架位置尺寸，管道定位、弹线，支架定位、弹线

**图 2.1.2　管道支吊架制作(一)**

采用砂轮切割机切割型钢，切口表面应垂直

**图 2.1.3　管道支吊架制作(二)**

各种支吊架要无毛刺、豁口、漏焊等缺陷

**图 2.1.4　管道支吊架制作(三)**

支架制作或安装后要及时刷漆防腐

**图 2.1.5　管道支吊架安装**

管道安装时要及时调整支、吊架。支、吊架位置要准确

**图 2.1.6　管道安装(给水不锈钢管)**

已装好管件的管段,在安装前进行调直

**图 2.1.7　管道安装(消防镀锌钢管)**

将沟槽配件套在钢管上,注意应与孔洞同心,橡胶密封圈与孔洞间隙均匀,紧固螺栓到位

**图 2.1.8　阀件及其他附件安装(消防、给水)**

阀门安装的位置除施工图注明尺寸以外,一般就现场情况,做到不妨碍设备的操作和维修,同时也便于阀门自身的拆装和检修

**图 2.1.9　管道安装(室外)**

室外给水管道安装时,应及时做好埋地管道的防腐处理

**图 2.1.10　管道试压**

每加压至一定数值时,应停下对管道进行全面检查,无异常现象方可再继续加压

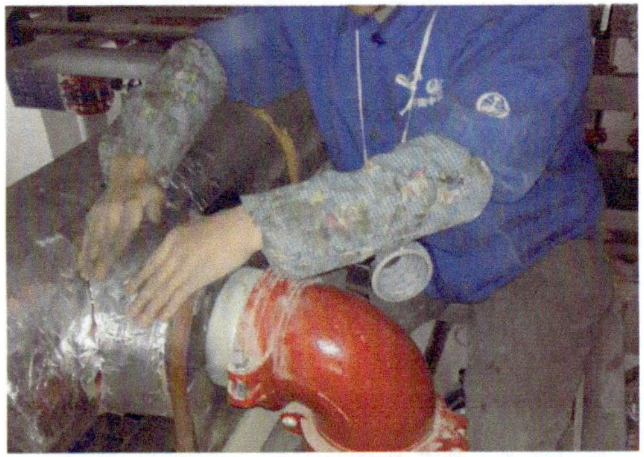

**图 2.1.11　管道防腐与保温**

给水管道采用离心玻璃棉对管道进行保温

消火栓系统安装，如图 2.1.12～图 2.1.16 所示。

**图 2.1.12　消防水泵安装(一)**

消防水泵安装前要仔细核实水泵基础的尺寸，再进行安装。水泵安装前应排布好水泵的布局，便于使用及维护

**图 2.1.13　消防水泵安装(二)**

水泵的纵向水平度不超过 0.1/1 000，中心线平面位移允许偏差±10 mm，标高允许偏差±10 mm

**图 2.1.14　干立管安装(消防)**

将沟槽配件套在钢管上，注意应与孔洞同心，橡胶密封圈与孔洞间隙均匀，紧固螺栓到位

**图 2.1.15　消防栓及箱体安装**

消火栓箱的规格、信号及左、右开门，暗装、明装等应按设计图纸核对无误后，再进行安装；消火栓口距地面 1.1 m

**图 2.1.16　试压**

每加压至一定数值时，应停下对管道进行全面检查，无异常现象方可再继续加压

## 2.2 排水系统安装

| 序号 | 项目 | | 主要控制要点 | 备注 |
|---|---|---|---|---|
| 2.2.1 | 排水管道及配件安装 | 测量放线 | (1)放线程序:校核施工图和测量器具,标示支吊架位置尺寸,管道定位、弹线,支架定位、弹线。<br>(2)管道放线由总管到干管,再到支管进行放线定位。放线前,逐层、逐区域进行细部会审,使各管线互不交叉,同时留出保温、绝热及其他操作空间。<br>(3)管道在室内安装以建筑轴线定位,同时又以墙、柱、梁为依托。定位时,按施工图确定的走向和轴线位置,在墙(柱)上弹线,画出管道安装的定位坡度线,在机房、地沟内,并行多种管道,定位难度大,采用打钢钎拉钢线的方法,将各并行管道的位置、标高确定下来,以便于下一步支架的制作和安装,定位坡度线以管线的管底标高作为管道坡度的基准。<br>(4)对立管放线时,打穿各楼层总立管预留孔洞,自上而下吊线坠,弹出总立管安装的垂直中心线,作为总立管定位与安装的基准线。<br>(5)放线时,对支吊架的设置位置也要认真考虑,特别是管径较小的管道防晃支架设置,要尽可能利用柱子或混凝土墙、梁体边,依托柱或墙做防晃支架 | |
| | | 管道支吊架制作与安装 | (1)支架构件预制加工<br>①下料前,先将型钢调直;下料时尽量采用砂轮切割机切割型钢,现场用气割切断时,应将切口用砂轮将氧化层磨光,切口表面应垂直。<br>②用台钻钻孔,不得使用氧乙炔焰吹割孔;煨制要圆滑均匀;各种支吊架要无毛刺、豁口、漏焊等缺陷,支架制作或安装后要及时刷漆防腐。<br>③支架的形式按设计要求进行加工,其标高须使管道安装后的标高与设计相符。<br>(2)现场安装<br>①管道安装时要及时调整支、吊架;支、吊架位置要准确,安装平整牢固,与管子接触紧密;固定支架必须安装在设计规定的位置上,不得任意移动。在支架上固定管道,采用U形管卡;制作 | |

续上表

| 序号 | 项目 | | 主要控制要点 | 备注 |
|---|---|---|---|---|
| 2.2.1 | 排水管道及配件安装 | 管道支吊架制作与安装 | 固定管卡时，卡圈必须与管子外径紧密吻合、紧固件大小与管径匹配，拧紧固定螺母后，管子要牢固不动。<br>②无热位移的管道，其吊杆垂直安装；有热位移的管道，吊点设在位移的相反方向，按位移值的 1/2 偏位安装。<br>③管道安装过程中使用临时支、吊架时，不得与正式支、吊架位置冲突，做好标记，并在管道安装完毕后予以拆除。<br>④大管径管道上的阀门单独设支架支撑。保温管道与支架之间要用经过防腐处理的木衬垫隔开，木垫厚度同保温层厚度 | |
| | | 管道安装 | 有压排水系统管道采用热镀锌钢管，按下列步骤进行：<br>(1)管道安装工艺流程<br>安装准备→滚槽→开孔、安装机械三通、四通→管道安装<br>(2)安装准备<br>①检查开孔机、滚槽机、切管机是否正常，确保安全使用；<br>②材料、工具的准备，包括管材、卷尺、扳手、水平尺、润滑剂、木榔头等；<br>③按设计要求装好待装的管道支架。<br>(3)滚槽<br>①用切管机将内筋嵌入式衬塑钢管按需要的长度切割，用水平仪检查切口断面，确保切口断面与管中轴线垂直；切口如果有毛刺，用专用工具去掉两端塑料和钢管毛刺，将衬塑层厚度 1/2 倒角。<br>②将需要加工沟槽的管材加设在滚槽机和滚槽机尾架上，用水平尺使钢管处于水平位置。<br>③将钢管加工断面紧贴滚槽机，使钢管中轴线与滚轮面垂直。<br>④缓缓压下千斤顶，使上压轮贴紧钢管，开动滚槽机，使滚轮转动一周，此时注意观察钢管断面是否仍与滚槽机贴紧，如果未贴紧，应调整管子至水平；如果已贴紧，徐徐压下千斤顶，使上压轮均匀滚压钢管至预定沟槽深度为止。 | |

续上表

| 序号 | 项目 | | 主要控制要点 | 备注 |
| --- | --- | --- | --- | --- |
| 2.2.1 | 排水管道及配件安装 | 管道安装 | ⑤停机，用游标卡尺检查沟槽深度和宽度，确认符合标准要求后，将千斤顶卸荷，取出钢管。<br>(4)开孔、安装机械三通、四通<br>①在钢管上弹墨线，确定接头支管开孔位置。<br>②将链条开孔机固定于钢管预定开孔位置处。<br>③启动电动机，转动手轮，使钻头缓慢靠近钢管，同时在开孔钻头处添加润滑剂，以保护钻头，完成在钢管上开孔。<br>④停机，摇动手轮，打开链条，取下开孔机，清理钻落金属块和开孔部位残渣，并用砂轮机将孔洞打磨光滑。<br>⑤将卡箍套在钢管上，注意机械三通应与孔洞同心，橡胶密封圈与孔洞间隙均匀，紧固螺栓到位。<br>⑥若为机械四通，开孔时一定要注意保证钢管两侧的孔同心，否则当安装完毕时，可能导致橡胶圈破裂，且影响过水面积。<br>区间排水管采用镀锌钢管卡箍连接，工艺方式同上。<br>重力排水系统管道采用 U-PVC 管，按下列步骤进行：<br>U-PVC 管的施工流程：安装准备→预制加工→支架安装→干管安装→立管安装→支管安装→堵洞→闭水实验→通水实验。<br>(1)预制加工：绘制加工草图，根据草图量好管道尺寸，进行断管。断口要平齐，用铣刀或刮刀除掉断口内外飞刺。黏接前应对承插口先插入实验，一般为承口的 3/4 深度。试插合格后，将承插口部位擦拭干净。用毛刷涂抹黏结剂，先涂抹承口后涂抹插口，随后用力垂直插入，插入黏接时将插口稍作转动，以利黏结剂分布均匀，约 30～60 s 可黏接牢固，粘牢后立即将溢出的黏结剂擦拭干净。多口黏接时应注意预留口方向。<br>(2)干管安装：首先根据设计图纸要求的坐标、标高预留槽洞或预埋套管。采用托吊管安装时应按设计坐标、标高、坡向做好托、吊架。施工条件具备时，将预制加工好的管段，按编号运至安装部位进行安装。各管段黏接时也必须按黏接工艺依次进行。全部黏接后，管道要直，坡度均匀，各预留口位置准确。安装立管需装伸缩节，伸缩节上沿距地坪或蹲便台 70～100 mm。干管安装完后应做闭水试验，出口用充气橡胶堵封闭，达到不渗漏，水位不下降为合格。 | |

续上表

| 序号 | 项目 | | 主要控制要点 | 备注 |
| --- | --- | --- | --- | --- |
| 2.2.1 | 排水管道及配件安装 | 管道安装 | (3)立管安装:安装前清理场地,根据需要支搭操作平台。将已预制好的立管运到安装部位。首先清理已预留的伸缩节,将锁母拧下,取出U形橡胶圈,清理杂物。安装时先将立管上端伸入上一层洞口内,垂直用力插入至标记为止(一般预留胀缩量为20～30 mm)。合适后即用自制U形钢制抱卡紧固于伸缩节上沿,然后找正找直。并测量顶板距三通口中心是否符合要求。无误后即可堵洞。并将上层预留伸缩节封严。<br>(4)支管安装:首先剔出吊卡孔洞或复查预埋件是否合适。清理场地,按需要支搭操作平台。将预制好的支管按编号运至场地。清除各黏接部位的污物及水分。将支管水平初步吊起,清除黏接部位的污物及水分。将支管水平初步吊起,涂抹黏结剂,用力推入预留管口。根据管段长度调整好坡度。合适后固定卡架,封闭各预留管口和堵洞。<br>(5)器具连接管安装:核查建筑物地面和墙面做法、厚度。找出预留门坐标、标高。然后按准确尺寸修整预留洞口。分部位实测尺寸并做记录,预制加工、编号。安装黏接时,必须将预留管口清理干净,再进行黏接。粘牢后找正、找直,封闭管口和堵洞。打开下一层立管扫除口,用充气橡胶堵封闭上部,进行闭水试验。合格后,撤去橡胶堵,封好扫除口。<br>(6)排水管道安装后按规定要求必须进行闭水试验。凡属隐蔽暗装管道必须按分项工序进行。卫生洁具及设备安装后,必须进行通水试验。且应在油漆粉刷最后一道工序前进行。<br>(7)地下埋设管道及屋顶透气立管不采用硬质聚氯乙烯排水管件而采用下水铸铁管件时,可采用水泥捻口。当塑料管与铸铁管连接时,为保证接口质量,需用粗砂纸将塑料管插接处外壁进行打磨处理。<br>(8)黏结剂易挥发,使用后应随时封盖。冬季施工进行黏接时,凝固时间为2～3 min。黏接场所应通风良好,远离明火。<br>(9)一般项目:<br>①在立管上应每隔一层设置一个检查口,在最底层和有卫生器具的最高层必须设置;如为两层建筑时,可仅在底层设置立管检查口;如有乙字弯管时,则在该层乙字弯管的上部设置检查口;检查口中心高度距操作地面一般为1 m,允许偏差±20 mm;检查口的朝向应便于检修;暗装立管,在检查口处应安装检修门。 | |

续上表

| 序号 | 项目 | | 主要控制要点 | 备注 |
|---|---|---|---|---|
| 2.2.1 | 排水管道及配件安装 | 管道安装 | ②在连接2个及2个以上大便器或3个及3个以上卫生器具的污水横管上应设置清扫口;当污水管在楼板下悬吊敷设时,可将清扫口设在上一层楼地面上,污水管起点的清扫口与管道相垂直的墙面距离不得小于200 mm;若污水管起点设置堵头代替清扫口时,与墙面距离不得小于400 mm。<br>③在转角小于135°的污水横管上,应设置检查口或清扫口。<br>④污水横管的直线管段,应按设计要求的距离设置检查口或清扫口 | |
| | | 阀门及其他附件安装 | (1)安装前按设计要求,检查其种类、规格、型号及质量,阀杆不得弯曲,按规定对阀门进行试压,检验是否泄漏。阀门进场后先随机抽取10%作阀门打压试验,阀门的强度试验压力为公称压力的1.5倍,严密性试验的压力为公称压力的1.1倍。如全部合格则其余免检,否则应扩大试验范围,当不合格率达到50%以上时,阀门全部退货。<br>(2)阀门安装的位置除施工图注明尺寸以外,一般根据现场情况,做到不妨碍设备的操作和维修,同时也便于阀门自身的拆装和检修 | |
| | | 管道试压 | (1)车站排水系统分为无压和有压;区间隧道泵房、车站废水泵房及污水泵房的排水(污)系统为有压排水(污)系统,应按照要求进行压力试验;其他排水系统为无压(重力)排水系统,只做灌水试验。<br>(2)无压排水系统灌水试验:无压排水系统管材安装完毕后只做灌水试验,向系统内灌水15 min后,再灌满延续5 min,液面不下降为合格,排水系统管路内灌水高度不低于最高排水位。站厅地漏落水管灌水高度不低于站厅地面地漏。<br>(3)有压排水系统试压:有压排水系统管材为镀锌钢管,安装完毕后应做压力试验,试验压力0.4 MPa,保压30 min,无压降为合格;污水有压排水系统试验压力0.4 MPa,保压24 h,保压期内,进行系统管路外观检查,不漏无压降既为合格 | |

续上表

| 序号 | 项目 | | 主要控制要点 | 备注 |
|---|---|---|---|---|
| 2.2.2 | 排水设备安装 | 开箱检验 | (1)检查文件,如装箱清单、出厂合格证明书、安装说明书、安装图等。<br>(2)核实设备及附件的名称、规格、数量。并核实设备的方位、规格、各接口位置是否与图纸相符。<br>(3)进行外观质量检查,不得有破损、变形、锈蚀等缺陷。<br>(4)随机的专用工具是否齐全,设备开箱检验后,做好开箱检验记录,检验中发现的问题,由业主、厂家、施工单位协商解决 | |
| | | 清理杂物 | 清理场地保证运输和消防道路畅通,现场整洁,备齐施工用水源、电源,并备有必要的消防器材及照明。配合土建专业提前做好设备运输通道的预留,各机房隔墙待设备及配管完成后土建再施工,确保运输畅通。设备吊装后再由土建及时补洞 | |
| | | 水泵安装 | (1)检查紧固耦合装置连接件螺栓。安装水泵耦合器、导轨。两根导轨应垂直安装并保持互相平行。<br>(2)起吊水泵,安装导向挂件,注意挂件应以导管为中心均匀放置,反复起吊水泵 2~3 次,使水泵在正确的安装位置 | |
| | | 管道安装 | 管路安装应符合下列要求:<br>(1)管子内部和管端应清洗干净,密封面和螺纹不应损坏,相互连接的法兰端面或螺纹轴心线应平行、对中,不应强行连接。<br>(2)管路与泵连接后,不应再在其上进行焊接和气割,如需焊接或气割时,应拆下管路或采取必要的措施,防止焊渣进入泵内和损坏泵的零件。<br>(3)管路的配置宜按设备资料及设计图纸进行复检。<br>(4)每台水泵出水管上应装设阀门、止回阀和压力表;当水泵直接从室外给水管网抽水时,应在吸水管上装设阀门、止回阀和压力表,并应绕水泵设置装有阀门的旁通管 | |
| 2.2.3 | 卫生器具安装 | 地漏安装 | (1)在该室地面最低处,篦子顶面应低于地面 5 mm;地漏安装后应封堵,防止建筑垃圾进入排水管;地漏篦子应拆下保管,待交工验收时装上,防止丢失。<br>(2)地漏安装应平正、牢固,周边无渗漏;地漏水封高度不得小于 50 mm | |

续上表

| 序号 | 项目 | | 主要控制要点 | 备注 |
|---|---|---|---|---|
| 2.2.3 | 卫生器具安装 | 卫生器具安装 | (1)卫生设备安装前,对瓷质器具、铜质附件进行检查,不得有结疤、裂纹、砂眼等现象,外观光滑,各个连接口与管道部件的直径吻合,承插接口处插入长度合适。<br>(2)卫生设备的搬运应轻拿轻放,防止碰伤。堆放平稳整齐,地面洁净无积水。铜质附件应保存于干燥洁净的库房。<br>(3)卫生设备用支、托架稳固,金属支托架应防腐良好,埋设平整牢固,与瓷质器具接触应紧密。因瓷质器具不平整,可在支托架上垫木片或橡胶板,垫片须与支托架紧固。<br>(4)单独安装的卫生器具,其坐标允许偏差 10 mm,标高允许偏差±15 mm;成排安装的卫生器具,其坐标允许偏差 5 mm,标高允许偏差±10 mm | |
| 2.2.4 | 真空排污系统安装 | 管道连接 | (1)重力排水系统:卫生器具排水管与排水横支管的连接采用 90°斜三通或 45°三通。排水管道的横管与横管、横管与立管的连接采用 45°三通或 45°四通和 90°斜三通或 90°斜四通;排水立管与排出管端部的连接,采用两个 45°弯头或弯曲半径不小于 4 倍管径的 90°弯头。<br>(2)真空卫生排水系统:排水管与排水横支管的连接采用 90°三通,并且接入口应高出排水横支管管顶以上,垂直提升管道与水平管道的连接在其水平管道的顶部接入。水平管道在遇到障碍物时,采用两个 45°弯头上行或下行敷设。真空系统主管,分支管道进入主管道从主管道上方进入。<br>(3)真空排水管道的坡度 0.01,指向真空泵站方向。重力管道坡度除特殊标注外均按照给排水规范执行。<br>(4)各种管道交叉时处理原则:小管径让大管径;压力管道让自流管道;可弯管道让不能弯管道;真空排水管道穿越障碍物时,设置提升弯穿越障碍物,单次提升高度不得高于 4 500 mm;提升弯设置间距为 20~30 m 之间 | |
| | | 系统试压 | 管道内压力在−0.07 MPa 的条件下,1 小时压降不得大于 10%(带末端装置 20%)。<br>真空排水系统试压(带有压力容器):管道内压力在−0.07 MPa 的条件下,测试时间内压降不得大于 10%(带末端装置 20%) | |

排水管道及配件安装，如图 2. 2. 1～图 2. 2. 8 所示。

**图 2. 2. 1　测量放线**

定位时，按施工图确定的走向和轴线位置，在墙(柱)上弹线，画出管道安装的定位坡度线

**图 2. 2. 2　管道支吊架制作(一)**

支吊架型钢切割固定牢靠，切口应垂直

**图 2. 2. 3　管道支吊架制作(二)**

支吊架要无毛刺、豁口、漏焊等缺陷，制作完成后及时刷漆防腐防锈

**图 2. 2. 4　管道安装(切割)**

用切管机将管道按照需要长度切割，用水平仪检查确保切口与管中轴垂直，然后使用压槽机给管道压槽，应确保沟槽宽度、深度符合要求

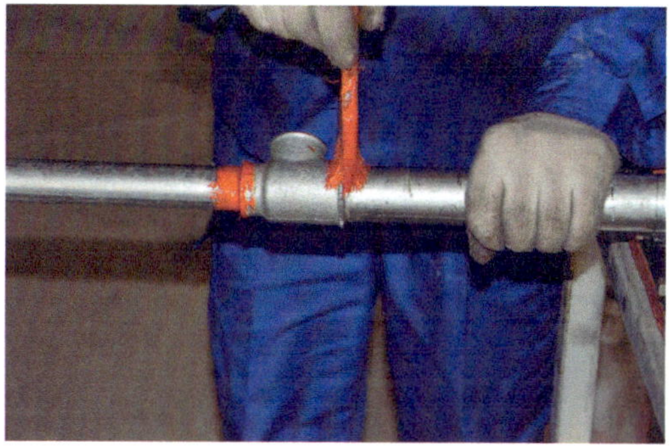

**图 2.2.5　管道安装(螺纹连接)**

管道连接后将麻丝清理干净,进行外露丝扣的防锈漆粉刷

**图 2.2.6　管道安装(PVC 管)**

管道连接前,应使用仪器核对管道坡度,避免出现倒坡现象,管道支吊架安装应牢固,符合规范要求,且应便于检修

**图 2.2.7　阀门及其他附件安装**

阀门安装的位置除施工图注明尺寸以外,一般根据现场情况,做到不妨碍设备的操作和维修,同时也便于阀门自身的拆装和检修

**图 2.2.8　管道试压**

每加压至一定数值时,应停下对管道进行全面检查,无异常现象方可再继续加压

排水设备安装,如图 2.2.9～图 2.2.12 所示。

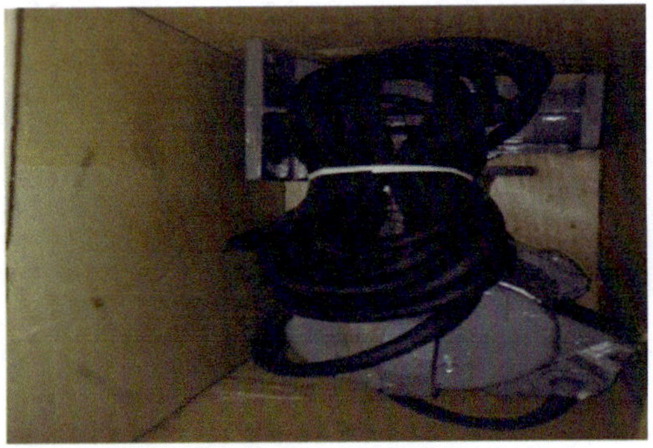

**图 2.2.9　开箱检验**

检查设备外观质量,不得有破损、变形、锈蚀等缺陷,同时随机文件及工具均应备齐

**图 2.2.10　清理杂物**

对设备内外进行清理,清理表面浮灰,检查设备内部是否干净,检查安装部位是否清理干净,为安装对接及调试做准备

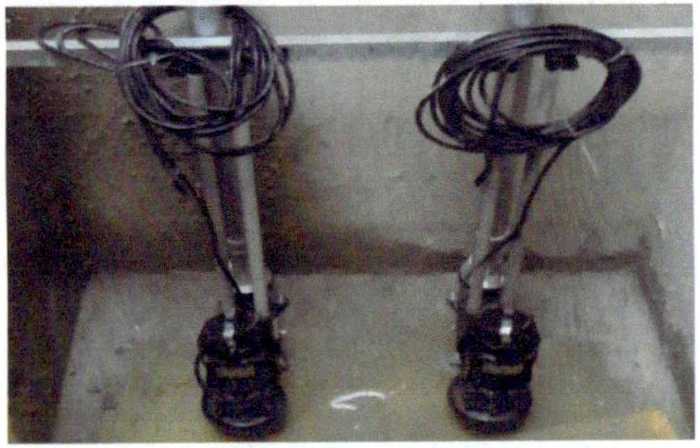

**图 2.2.11　水泵安装**

设备安装应按照图纸要求,结合现场实际条件,同时具备后方可进行安装

**图 2.2.12　管道安装**

水管内部应清理干净,同时应该结合图纸,并配合设备前后的阀门仪表同时进行安装

卫生器具安装，如图 2.2.13～图 2.2.15 所示。

**图 2.2.13　地漏安装**

为正确控制高程，应在室内地面面砖施工时配合安装地漏

**图 2.2.14　卫生器具安装(一)**

卫生器具进行安装前，应对器具进行检查，不得有结疤、裂纹、砂眼等现象，外观光滑

**图 2.2.15　卫生器具安装(二)**

成排安装的卫生器具，其坐标允许偏差 5 mm，高程允许偏差±10 mm

真空排污系统安装，如图 2.2.16～图 2.2.18 所示。

**图 2.2.16　管道连接(一)**

各种管道交叉时处理原则：小管径让大管径；压力管道让自流管道；可弯管道让不能弯管道

**图 2.2.17　管道连接(二)**

管路提升距离较大时，一般采用多次提升方式，一般情况下每次提升不超过 400 mm，两次提升段间的距离应尽量大，一般不得小于 2 m

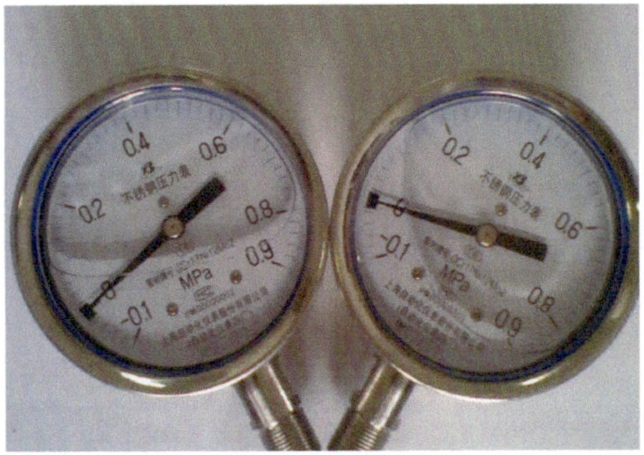


**图 2.2.18　试压**

管道内压力在－0.07 MPa 的条件下，1 h 压降不得大于 10％

# 3　动力与照明系统施工

## 3.1　电气配管敷设

<table>
<tr><th>序号</th><th colspan="2">项目</th><th>主要控制要点</th><th>备注</th></tr>
<tr><td rowspan="5">3.1.1</td><td rowspan="5">照明及插座配管敷设（暗敷）</td><td>钢管下料</td><td>根据实际测量长度进行钢管下料，钢管切割使用砂轮切割机，将需要切断的管子长度测量准确，断口处应平齐不歪斜</td><td></td></tr>
<tr><td>毛刺清理</td><td>钢管切断后将管口上的毛刺用圆锉处理光滑，再将管内的铁屑清理干净</td><td></td></tr>
<tr><td>钢管煨弯</td><td>(1)钢管煨弯应使用弯管器或液压弯管器。<br>(2)暗敷的镀锌钢管其弯曲半径不应小于管外径的 6 倍。埋入混凝土内平面敷设时，其弯曲半径不应小于管外径的 10 倍。<br>(3)管材煨弯后弯曲处的弧度应均匀。不应有折皱、凹陷、裂纹、死弯等缺陷。管材弯扁程度不应大于管外径的 10%</td><td></td></tr>
<tr><td>测定盒、箱位置</td><td>(1)以建筑专业弹出的 1 m 水平线为基准，用红外线放线仪放线定位，标出盒箱实际位置。<br>(2)插座接线盒底边的安装高度距地面完成面 0.3 m，开关接线盒边缘距门框边缘 0.2 m，底边距地面完成面高度为 1.3 m。安全出口标志灯的接线盒距门框上沿 0.2 m</td><td></td></tr>
<tr><td>固定盒箱</td><td>(1)根据图纸确定暗埋接线盒的位置后，用专用手持砂轮切割机对墙体进行开槽，再用尖錾子由上往下剔，洞口大小比接线盒外口略大 10～20 mm，接线盒固定好后，用高强度等级水泥砂浆喂注好。<br>(2)稳固盒、箱要求灰浆饱满，平整牢固，标高及位置正确。盒、箱安装要求见下表所示。</td><td></td></tr>
</table>

续上表

<table>
<tr><th>序号</th><th colspan="2">项目</th><th>主要控制要点</th><th>备注</th></tr>
<tr><td rowspan="3">3.1.1</td><td rowspan="3">照明及插座配管敷设（暗敷）</td><td>固定盒箱</td><td>
盒箱安装要求
<table>
<tr><th>实测项目</th><th>要求</th><th>允许偏差(mm)</th></tr>
<tr><td>盒箱水平、垂直位置</td><td>正确</td><td>10(砖墙)</td></tr>
<tr><td>盒箱 1 m 内相邻标高</td><td>一致</td><td>2</td></tr>
<tr><td>盒子固定</td><td>垂直</td><td>2</td></tr>
<tr><td>箱子固定</td><td>垂直</td><td>3</td></tr>
<tr><td>盒箱口与墙面</td><td>平齐</td><td>最大凹进深度 10 mm</td></tr>
</table>
</td><td></td></tr>
<tr><td>砌体墙内配管管路敷设</td><td>(1)加气混凝土砌块墙内暗配管时，用专用手持砂轮切割机对墙体进行开槽，开槽前先划线定位，开槽宽度和深度一般为管径的 1.5 倍，管口向上要堵好。<br>(2)向上引管至吊顶上，可由暗埋改为明敷，管上端应煨成 90°弯在吊顶内明敷，由顶面向下引管不宜过长，以达到开关盒上口为准。<br>(3)埋入砌块墙内的管路，管壁距墙面净距应不小于 15 mm，配管不得出现半明半暗现象。<br>(4)钢管敷设应保持管内清洁干燥，管口应有保护措施。电线管路的管口、管子连接处均应做密封处理</td><td></td></tr>
<tr><td>混凝土内配管管路敷设</td><td>(1)现浇混凝土配管主要用在地埋插座配管，暗配的电线管路宜沿最近的路径敷设并应减少弯曲，埋入混凝土内的管路，管壁距墙（地）面净距应不小于 15 mm，配管不得出现半明半暗现象。<br>(2)管路每隔 1 m 左右用自攻螺丝通过骑马卡固定，固定点需牢固可靠。<br>(3)埋入地下的管路不宜穿过设备基础，在穿过建筑物基础时，应加装保护管。<br>(4)钢管敷设应保持管内清洁干燥，管口应有保护措施。电线管路的管口、管子连接处均应做密封处理</td><td></td></tr>
</table>

续上表

| 序号 | 项目 | | 主要控制要点 | 备注 |
|---|---|---|---|---|
| 3.1.1 | 照明及插座配管敷设（暗敷） | 钢管连接及跨接地线 | （1）镀锌钢管通过专用连接件连接，管口锉光滑平整，应以专用接地线卡跨接，跨接线采用截面不小于 4 $mm^2$ 黄绿双色铜芯软导线，接地线两端外露部分需做烫锡处理，防止铜芯氧化，紧固件的紧固螺钉拧紧至脱落，跨接线绕圈 6～8 圈，使得电气连接可靠。<br>（2）管路垂直敷设时，超过 30 m 需设置接线盒。管路水平敷设超过下列长度，应加装接线盒，其位置应便于穿线。无弯时 30 m；有一个弯时 20 m；有两个弯时 15 m；有三个弯时 8 m。<br>（3）镀锌管路应做整体接地连接。金属钢管严禁对口熔焊连接，应以专用接地线卡跨接，跨接线采用截面不小于 4 $mm^2$ 黄绿双色铜芯软导线，接地线两端外露部分需做烫锡处理，防止铜芯氧化。<br>（4）钢管与接线盒也需做跨接地线进行等电位连接 | |
| | | 钢管与接线盒、箱连接 | （1）接线盒、箱开孔应整齐并与管径匹配，要求一孔一管，不得开长孔。<br>（2）接线盒采用定制型的 86 盒，深度 6 cm。<br>（3）管口入接线盒、箱，暗配管严禁管口与敲落孔焊接，管口露出盒、箱应小于 5 mm。有锁紧锁母者与锁紧锁母平，一般为露出接线盒内 2～3 扣为宜。<br>（4）两根以上的管入盒、箱时，要求盒、箱内的管头长短一致，间距均匀，排列整齐 | |
| 3.1.2 | 照明及插座配管敷设（明敷） | 钢管下料 | 根据实际测量长度进行钢管下料，钢管切割使用砂轮切割机，将需要切断的管子长度测量准确，断口处应平齐不歪斜 | |
| | | 毛刺清理 | 钢管切断后将管口上的毛刺用半圆锉处理光滑，再将管内的铁屑清理干净 | |
| | | 钢管煨弯 | （1）钢管煨弯应使用弯管器或液压弯管器。<br>（2）暗敷的镀锌钢管其弯曲半径不应小于管外径的 6 倍。埋入混凝土内平面敷设时，其弯曲半径不应小于管外径的 10 倍。<br>（3）管材煨弯后弯曲处的弧度应均匀。不应有折皱、凹陷、裂纹、死弯等缺陷。管材弯扁程度不应大于管外径的 10% | |

续上表

<table>
<tr><th>序号</th><th colspan="2">项目</th><th>主要控制要点</th><th>备注</th></tr>
<tr><td rowspan="4">3.1.2</td><td rowspan="4">照明及插座配管敷设（明敷）</td><td>测定接线盒和支、吊架的位置</td><td>(1)根据施工图纸首先测出盒、箱与出线口等的准确位置。<br>(2)根据测定的盒、箱位置，把管路敷设的垂直、水平方向路径线弹出来，按照安装标准规定的固定点间距确定固定点位置。<br>(3)吊顶内的管线敷设，需在结构顶面或墙面进行弹线定位。离壁墙内配管应按设计要求，测定接线盒位置，弹线定位，计算确定支架、吊架的具体位置</td><td></td></tr>
<tr><td>支吊架的固定</td><td>(1)明敷钢管一般直接采用骑马卡或离墙码固定在墙体上或结构顶面。<br>(2)吊顶内及离壁墙内的管线，一般采用支吊架固定管线。照明管线的支、吊架一般选用丝杆。根据测定的盒箱位置固定膨胀螺栓及丝杆支架</td><td></td></tr>
<tr><td>接线盒固定</td><td>(1)接线盒位置确定后，用不少于 2 个自攻螺栓把接线盒固定牢固。未使用的敲落孔不得敲掉，已脱落的要补好。盒箱安装应牢固平整，开孔整齐并与管径相吻合。要求一管一孔不得开长孔。铁制盒箱严禁用电气焊开孔。<br>(2)吊顶内的接线盒采用顶面下挂丝杆固定电气配管及接线盒，离壁墙内的接线盒采用角钢支架固定</td><td></td></tr>
<tr><td>管盒固定</td><td>(1)贴墙或顶面明装的管路，直接采用骑马卡或 U 形卡固定。固定点的间距应均匀，管卡与终端、转弯中点、电气器具或接线盒边缘的距离为 150～500 mm。<br>(2)吊顶内或离壁墙内的管路应敷设在主龙骨的上边，管路应单独设置支架固定，一般按吊重的五倍来计算，达到牢固可靠。一般照明配管采用顶面下挂丝杆固定。丝杆最小直径不应小于 6 mm，连接件等需做好防腐处理。管入接线盒必须里外戴锁紧锁母，采用内护口，管进盒箱以与内锁紧螺母平为准：<br>a. 水平或垂直敷设明配管允许偏差值：管路在 2 m 以上时，偏差为 3 mm，全长不应超过管子内径的 1/2。<br>b. 管路敷设应牢固通顺，禁止做拦腰管或绊脚管。遇有长丝接管时，必须在管箍后面加锁紧螺母。受力灯头盒应用吊杆固定，在管进盒处及弯曲部位两端 150～300 mm 处加固定卡固定</td><td></td></tr>
</table>

续上表

| 序号 | 项目 | | 主要控制要点 | 备注 |
|---|---|---|---|---|
| 3.1.2 | 照明及插座配管敷设（明敷） | 管路连接 | (1)管路连接应采用紧固连接，应以专用接地线卡跨接，跨接线采用截面不小于 4 $mm^2$ 黄绿双色铜芯软导线，接地线两端外露部分需做烫锡处理，防止铜芯氧化。<br>(2)金属软管引入设备时，应符合下列要求：<br>a. 金属软管与灯具或设备连接时，应采用金属软管接头连接，长度不宜超过 1 m。<br>b. 金属软管用管卡固定，其固定间距不应大于 1 m。<br>c. 不得利用金属软管作为接地导体，且金属软管不得作为等电位连接体。<br>d. 柔性导管与刚性导管及电气装置、器具间的连接应采用专用接头，柔性导管的长度在动力工程中不大于 0.8 m，在照明工程中不大于 1.2 m。<br>e. 吊顶内灯头盒至灯具可采用金属软管固定，长度不宜超过 1 m，其两端应使用配套的专用接头。吊顶内各种盒箱安装口的方向应朝向检察口以利于维修检查 | |
| | | 跨接地线 | (1)镀锌管路应做整体接地连接。金属钢管严禁对口熔焊连接，应以专用接地线卡跨接，跨接线采用截面不小于 4 $mm^2$ 黄绿双色铜芯软导线，接地线两端外露部分需做烫锡处理，防止铜芯氧化。<br>(2)钢管与接线盒也需做跨接地线进行等电位连接 | |

照明及插座配管敷设(暗敷),如图 3.1.1~图 3.1.9 所示。

**图 3.1.1　钢管下料**

将需要切断的管子长度测量准确,放入案子的钳口内卡牢固,断口处应平齐不歪斜

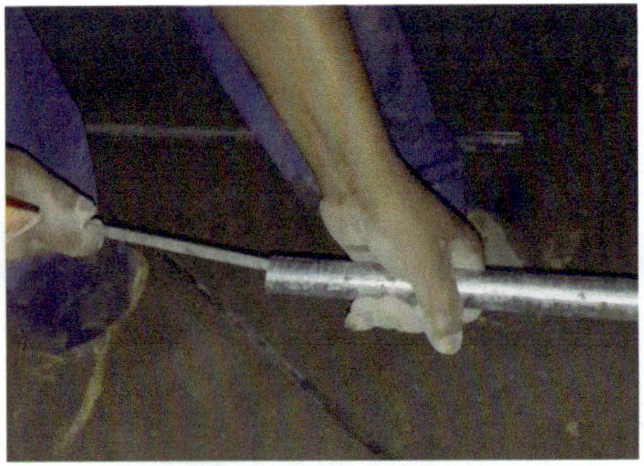

**图 3.1.2　管内毛刺清理**

钢管切断后将管口上的毛刺用半圆锉处理光滑

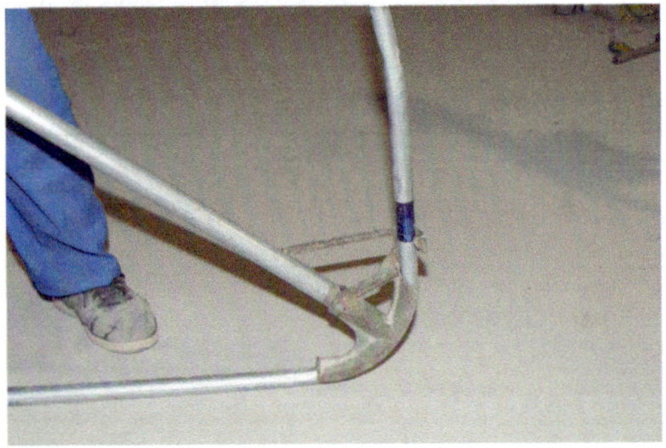

**图 3.1.3　钢管煨弯**

暗敷的镀锌钢管其弯曲半径不应小于管外径的 6 倍

**图 3.1.4　测定盒、箱位置**

以 1 m 水平线为基准,插座接线盒底边距地面完成面 0.4 m

**图 3.1.5　固定盒、箱**

洞口大小比接线盒外口略大 10～20 mm，接线盒固定好后，将用高强度等级水泥砂浆喂注好

**图 3.1.6　砌体墙内配管**

开槽前先划线定位，开槽宽度和深度一般为管径的 1.5 倍，管口向上要堵好

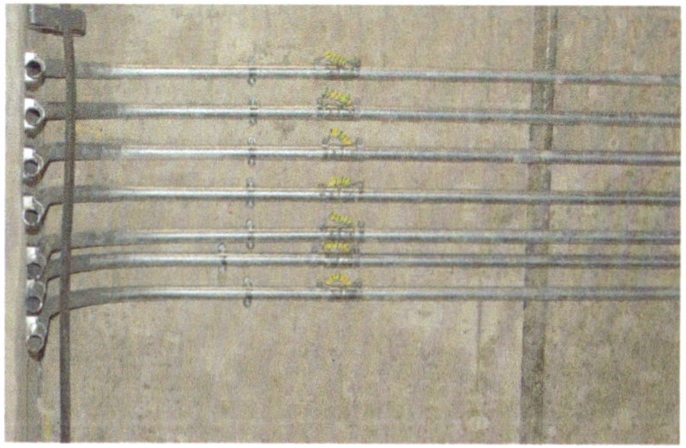

**图 3.1.7　混凝土内配管**

埋入混凝土内的管路，管壁距墙(地)面净距应不小于 15 mm，配管不得出现半明半暗现象

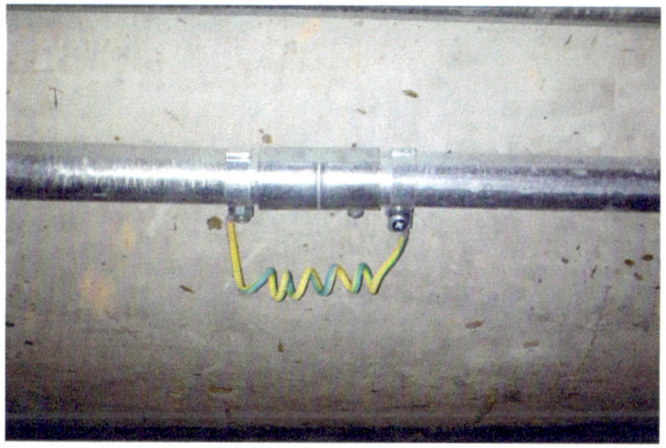

**图 3.1.8　钢管连接及跨接地线**

镀锌钢管采用紧固连接方式，应以专用紧固连接件连接，将紧固件上的连接螺丝拧断，使电气连接可靠。跨接线采用截面不小于 4 $mm^2$ 黄绿双色铜芯软导线

**图 3.1.9　钢管与接线盒连接**

管口露出盒、箱应小于 5 mm。有锁紧锁母时与锁紧锁母平，一般为露出接线盒内 2～3 扣为宜

照明及插座配管敷设(明敷),如图 3.1.10～图 3.1.16 所示。

**图 3.1.10　钢管下料**

将需要切断的管子长度测量准确,放入案子的钳口内卡牢固,断口处应平齐不歪斜

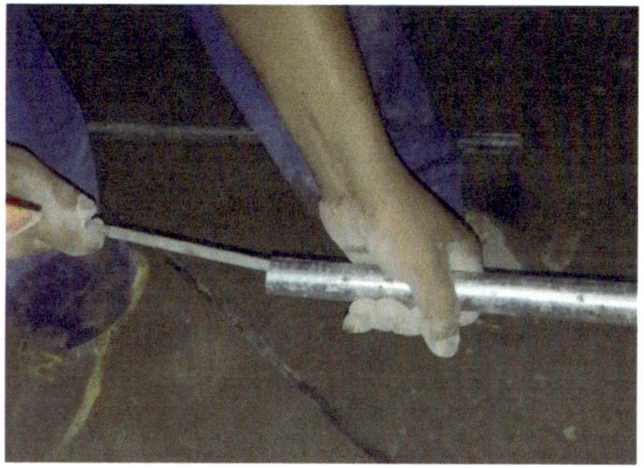

**图 3.1.11　管内毛刺清理**

钢管切断后将管口上的毛刺用半圆锉处理光滑,再将管内的铁屑清理干净

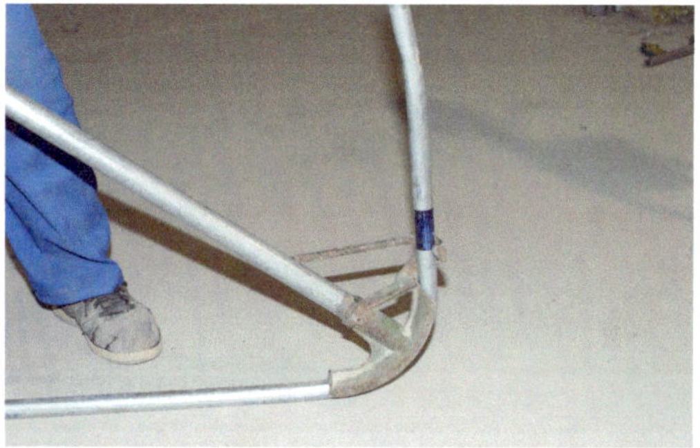

**图 3.1.12　钢管煨弯**

明敷的镀锌钢管其弯曲半径不应小于管外径的 6 倍

**图 3.1.13　支吊架固定**

照明管线的支、吊架一般选用丝杆。根据测定的盒箱位置固定膨胀螺丝及丝杆支架,然后利用弹簧卡固定管路

**图 3.1.14　接线盒固定**

明装的接线盒采用顶面下挂丝杆固定电气配管及接线盒

**图 3.1.15　管路连接**

金属软管与灯具或设备连接时，应采用金属软管接头连接，长度不宜超过 1 m

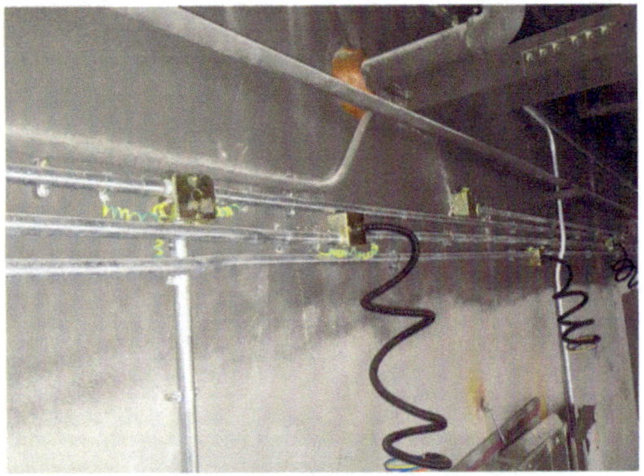

**图 3.1.16　跨接地线**

应以专用接地线卡跨接，跨接线采用截面不小于 4 $mm^2$ 黄绿双色铜芯软导线

## 3.2 管内穿线

| 序号 | 项目 | 主要控制要点 | 备注 |
|---|---|---|---|
| 3.2.1 | 选择导线 | 相线、中线及保护地线的线皮颜色应加以区分，符合规范要求。一般黄、绿、红色为相线，黄绿双色线为接地线，蓝色为零线 | |
| 3.2.2 | 清扫管路 | 将布条的两端牢固绑扎在带线上，从管的一端拉向另一端，将管内杂物及泥水除尽 | |
| 3.2.3 | 穿带线 | 先将钢丝的一端馈头弯回不封死，圆头向着穿线方向，将钢丝穿入管内，边穿边将钢丝顺直。如不能一次穿过，再从另一端以同样的方法将钢丝或铁丝穿入 | |
| 3.2.4 | 放线与断线 | (1)放线：放线前应根据施工图对导线的规格、型号进行核对，并用对应电压等级的摇表进行通断摇测。<br>(2)断线：剪断导线时，导线的预留长度应按以下四种情况预留：<br>①接线盒、开关盒、插座盒及灯头盒内的导线预留长度应为150 mm；<br>②配电箱内导线的预留长度应为配电箱体周长的1/2；<br>③出房间导线的预留长度应为1.5 m；<br>④公用导线在分支处，可不剪断导线而直接穿过 | |
| 3.2.5 | 导线与带线的绑扎 | (1)当导线根数较少时，例如2～3根导线，可将导线前端的绝缘层削去，然后将线芯与带线绑扎牢固，使绑扎处形成一个平滑的锥形过渡部位。<br>(2)当导线根数较多或导线截面较大时，可将导线前端绝缘层削去，然后将线芯错位排列在带线上，用绑线绑扎牢固，不要将线头做得太粗太大，应使绑扎接头处形成一个平滑的锥形接头，减少穿管时的阻力，以便于穿线 | |

续上表

| 序号 | 项目 | 主要控制要点 | 备注 |
| --- | --- | --- | --- |
| 3.2.6 | 管内穿线 | (1)钢管在穿线前,应检查各个管口的护口是否齐全,如有遗漏和破损,应补齐或更换。<br>(2)穿线时应注意的问题:<br>①同一交流回路的导线必须穿于同一管内。<br>②导线在变形缝处,补偿装置应活动自如,导线应留有一定的余量。<br>③敷设于垂直管路中的导线,当超过下列长度时,应在管口处和接线盒中加以固定:<br>a. 截面为 50 $mm^2$ 及以下的导线为 30 m;<br>b. 截面为 70～95 $mm^2$ 及以下的导线为 20 m;<br>c. 截面为 120～240 $mm^2$ 及以下的导线为 18 m | |
| 3.2.7 | 导线剥削 | (1)导线剥削常用的工具有电工刀、克丝钳和剥线钳,一般 4 $mm^2$ 以下的导线原则上使用剥线钳,使用电工刀时,不允许用刀在导线周围转圈剥削,以免在线芯上留下连续伤口。<br>(2)剥线方法:<br>a. 单层剥法:用剥线钳剥线。<br>b. 分段剥法:一般适用于多层绝缘导线的剥削,如编织橡皮绝缘线,用电工刀先削去外层编织层,并留有约 12 mm 的绝缘层,线芯长度根据接线方法和要求的机械长度而定。<br>c. 斜削法:用电工刀以 45°角切入绝缘层,当切进线芯时停止用力,改变刀面的角度,沿着线芯表面向线头端部推出,然后把残存的绝缘层剥离线芯 | |
| 3.2.8 | 导线连接 | (1)单芯铜导线的直线连接:<br>①绞接法:适用于 4 $mm^2$ 及以下的单芯线连接。将两线互相交叉,用双手同时把两芯线互绞两圈后,将两个线芯在另一个线芯上缠绕 5 圈,剪掉余头。<br>②缠绕卷法:有加辅助线和不加辅助线两种,适用于 6 $mm^2$ 及以上的单芯线的直接连接。将两线相互合并,加辅助线后用绑线在合并部位中间向两端缠绕,其长度为导线直径的 10 倍,然后将两线芯端头折回,在此向外单独缠绕 5 圈,与辅助线捻绞 2 圈,将余线剪掉。<br>(2)多芯铜线的连接:首先用细纱布将线芯表面的氧化膜清除,将两线芯结合处的中心线剪掉 2/3,将外侧线芯做成伞状分开,相互交叉成一体,并将已张开的线端合成一体 | |

续上表

| 序号 | 项目 | 主要控制要点 | 备注 |
|---|---|---|---|
| 3.2.9 | 导线接头包扎 | (1)首先用塑料绝缘带从导线接头处始端的完好绝缘层开始，缠绕1～2个绝缘带宽度，再以半幅宽度重叠进行缠绕。在包扎过程中应尽可能地收紧绝缘带。最后在绝缘层上缠绕1～2圈后，再进行回缠。<br>(2)采用橡胶绝缘带包扎时，应将其拉长2倍后再进行缠绕，然后再用黑胶布包扎，包扎时要衔接好，以半幅宽度边压边进行缠绕，同时在包扎过程中收紧胶布，导线接头处两端应用黑胶布封严密。包扎后应呈枣核形 | |
| 3.2.10 | 线路检查及绝缘摇测 | (1)线路检查：导线连接完成后，应检查导线接、包是否符合设计要求及有关施工验收规范及质量验评标准的规定。不符合规定时应立即纠正，检查无误后再进行绝缘摇测。<br>(2)绝缘摇测：照明线路的绝缘摇测一般选用500 V，量程为0～500 MΩ的兆欧表。一般照明线路绝缘摇测有以下两种情况：<br>①电气器具未安装前进行线路绝缘摇测时，首先将灯头盒内导线分开，开关盒内导线连通。摇测应将干线和支线分开，摇测时应及时进行记录，摇动速度应保持120 r/min左右，读数应采用1 min后的读数为宜。<br>②电气器具全部安装完后，在送电前进行摇测时，应先将线路的开关、仪表、设备等用电开关全部置于断开位置，摇测方法同上所述，确认绝缘摇测无误后再进行送电试运行 | |

管内穿线，如图 3.2.1～图 3.2.10 所示。

**图 3.2.1　选择导线**

应根据施工图纸规定选择导线

**图 3.2.2　清扫管路**

将布条的两端牢固绑扎在带线上，从管的一端拉向另一端将管内杂物及泥水除尽

**图 3.2.3　穿带线**

穿带线的目的是检查管路的通畅和作为电线的牵引线

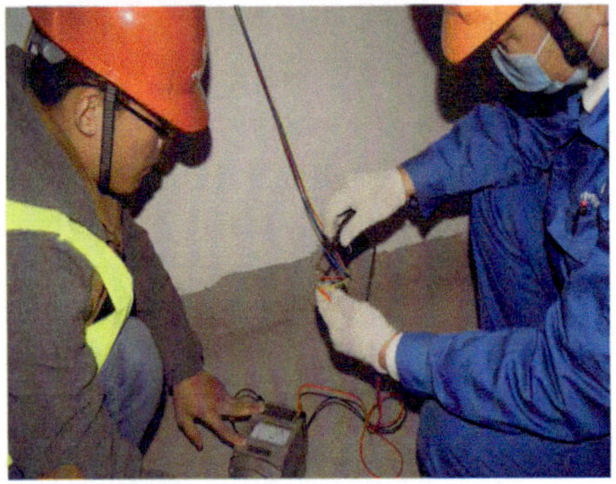

**图 3.2.4　放线与断线**

应根据施工图对导线的规格、型号进行核对，并用对应电压等级的摇表进行通断摇测

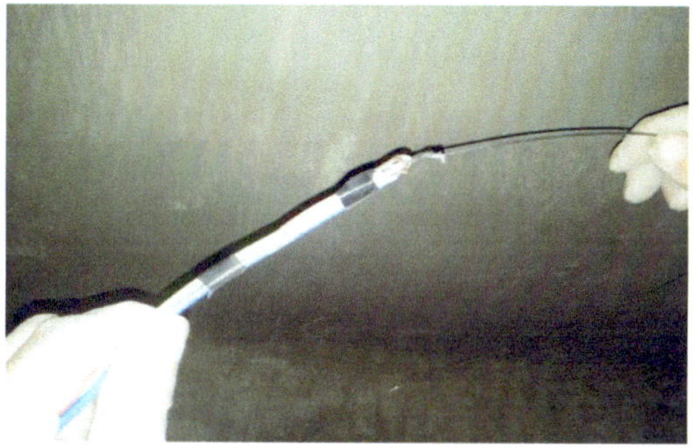

**图 3.2.5　导线与带线的绑扎**

导线与带线的绑扎以利于导线进行穿线

**图 3.2.6　管内穿线**

管内穿线应先进行电缆的检查，无破损后再进行穿线作业

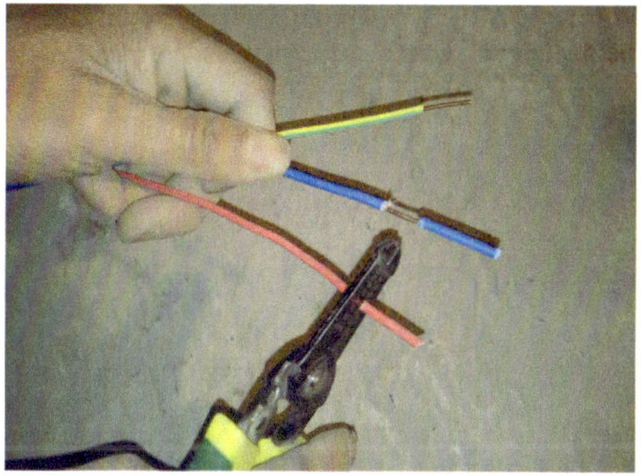

**图 3.2.7　导线剥削**

不允许用刀在导线周围转圈剥削，以免在线芯上留下连续伤口

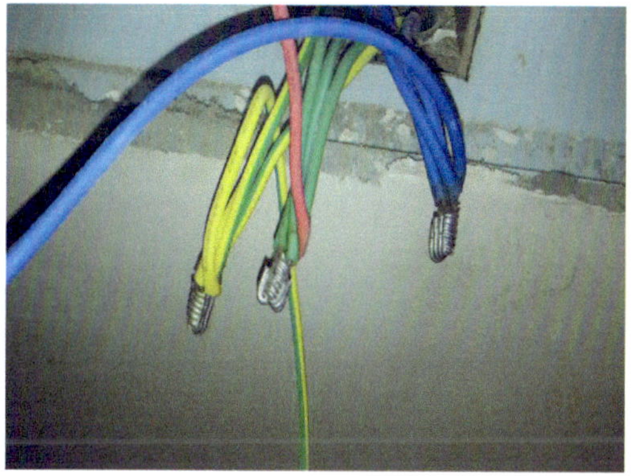

**图 3.2.8　导线连接**

单芯导线分为绞接法及缠绕卷法；多芯铜线：首先用细纱布将线芯表面的氧化膜清除，将外侧线芯做成伞状分开，相互交叉成一体，并将已张开的线端合成一体

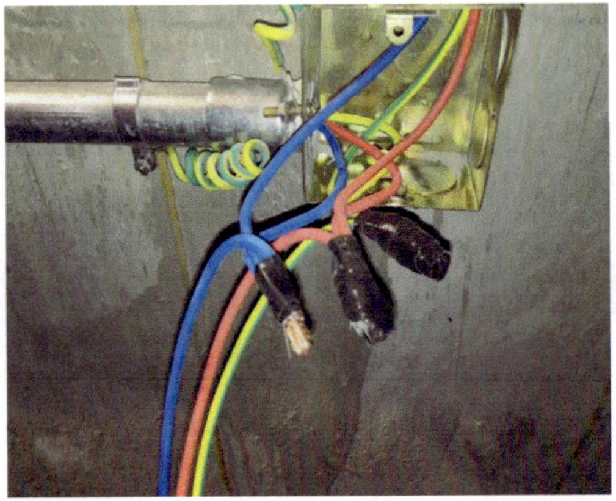

**图 3.2.9　导线接头包扎**

导线接头的包扎应按照规范要求工艺进行施工

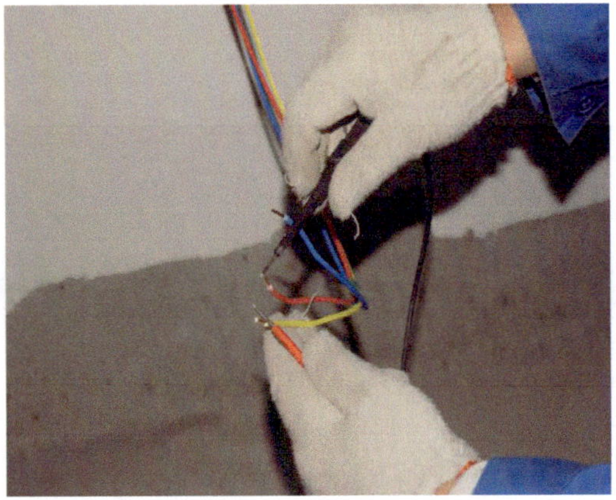

**图 3.2.10　线路检查及绝缘摇测**

首先应进行线路的检查，然后进行绝缘摇测

## 3.3 电缆桥架安装

| 序号 | 项目 | 主要控制要点 | 备注 |
|---|---|---|---|
| 3.3.1 | 弹线定位 | (1)根据施工图纸确定桥架的走向及安装位置，从始端至终端(先干线后支线)找好水平或垂直线，用红外线放线仪进行弹线定位，标高以建筑装饰专业弹出 1 m 线为基准，按照设计图要求及施工验收规范规定，等间距并用笔标出桥架支架具体的安装位置。一般间距为 1.5～3 m/副。<br>(2)根据红外线放线仪确定顶板固定底座的安装位置，并根据固定底座四个角的固定锚栓的孔洞画出锚栓安装位置 | |
| 3.3.2 | 支吊架组装 | (1)支架与吊架所用钢材应平直，无显著扭曲。下料后长短偏差应在 5 mm 范围内，切口处应无卷边和毛刺。<br>(2)支架与吊架应安装牢固，横平竖直。<br>(3)支架与吊架的规格一般不应小于扁铁 30 mm×3 mm；角钢 25 mm×25 mm×3 mm。<br>(4)固定支点间距一般控制为 2 m 以内。在进出接线盒、箱、柜、转角、转弯和变形缝两端及丁字接头的三端 500 mm 以内应设置固定支撑点 | |
| 3.3.3 | 金属膨胀螺栓安装 | (1)在锚栓安装位置用电钻按照锚栓安装钻孔要求进行钻孔，钻孔使用 $\phi16$ 的钻头，打孔的深度应以将套管全部埋入墙内或顶板内为宜，一般钻孔深度为 8 cm，钻孔直径的误差不得超过$^{+0.5}_{-0.3}$ mm；深度误差不得超过+3 mm。<br>(2)钻孔完成后，用毛刷将内部清洁干净。<br>(3)放入锚栓：将 $\phi12$ 的锚栓按照安装要求装入安装孔洞内。埋入深度一般为 8 cm。螺栓固定后，其头部偏斜值不应大于 2 mm | |

续上表

| 序号 | 项目 | 主要控制要点 | 备注 |
|---|---|---|---|
| 3.3.4 | 支架与吊架安装 | (1)安装好螺栓后，用螺母配上相应的垫圈将组装好的支吊架直接固定在金属膨胀螺栓上。<br>(2)考虑车站的结构及后续装修有 2‰的坡度，故安装支架与吊架应与结构有相同的坡度。且支架与吊架距离结构顶面不应小于 200 mm；距地面高度不应低于 150 mm | |
| 3.3.5 | 桥架安装 | (1)桥架直线段连接采用连接板，用垫圈、弹簧垫圈、螺母紧固，接茬处应缝隙严密平齐。<br>(2)桥架进行交叉、转弯、丁字连接时，应采用弯通、二通、三通、四通等进行连接。<br>(3)桥架直线段组装时，应先做干线，再做分支线。<br>(4)桥架经过结构的变形缝(伸缩缝、沉降缝)时，桥架本身应断开，桥架采用伸缩节连接。保护地线和桥架内导线均应留有补偿余量 | |
| 3.3.6 | 保护地线安装 | (1)桥架内的保护地线应根据设计图要求敷设在桥架内一侧，螺丝直径不应小于 6 mm；并且需要加平垫和弹簧垫圈，压接牢固。<br>(2)金属桥架的连接处用连接板连接的保护地线每端螺丝固定点不少于 6 个。<br>(3)桥架的镀锌扁铁采用 40×4，搭接处用 2 个螺栓可靠连接；全长应不少于 2 处与接地或接零干线相连接 | |

电缆桥架安装，如图 3.3.1～图 3.3.6 所示。

**图 3.3.1　弹线定位**

根据施工图纸确定桥架的走向及安装位置，从始端至终端（先干线后支线）找好水平或垂直线，用红外线放线仪进行弹线定位

**图 3.3.2　支吊架组装**

支架与吊架所用钢材应平直，无显著扭曲。下料后长短偏差应在 5 mm 范围内，切口处应无卷边、毛刺

**图 3.3.3　金属膨胀螺栓安装**

金属膨胀螺栓的安装需按照工艺要求进行安装

**图 3.3.4　支吊架安装**

考虑车站的结构及后续装修有 2‰的坡度，故安装支架与吊架应与结构有相同的坡度

**图 3.3.5　桥架安装**

桥架进行交叉、转弯、丁字连接时，应采用弯通、二通、三通、四通等进行连接

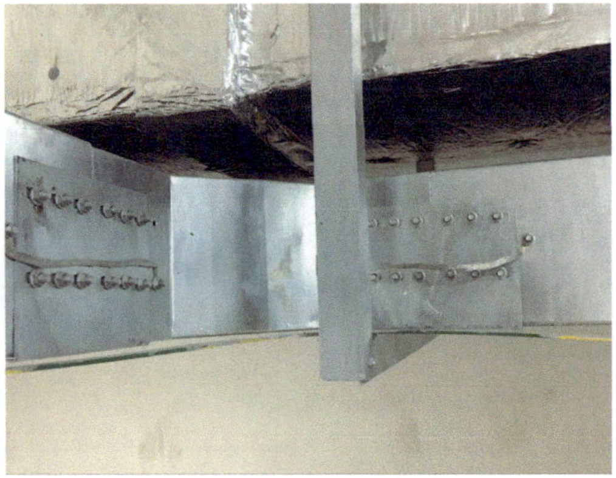

**图 3.3.6　保护地线安装**

桥架内的保护地线应根据设计图要求敷设在桥架内一侧，螺丝直径不应小于 6 mm；并且需要加平垫和弹簧垫圈，压接牢固

## 3.4 成套配电柜、控制柜安装

<table>
<tr><th>序号</th><th>项目</th><th>主要控制要点</th><th>备注</th></tr>
<tr><td>3.4.1</td><td>基础型钢制作安装</td><td>(1)基础型钢加工安装前预先调直,除锈,刷防锈漆。<br>(2)基础型钢采用现场加工及组装。首先按施工图纸所标尺寸进行切割及焊接,切割断面处及焊接处进行二次清理、打磨并补刷防锈漆进行防锈处理,然后将预制好的基础型钢架或型钢固定在结构地面上,用水准仪及水平尺找平,校正。需用垫片的地方垫片最多不超过三片。<br>(3)基础型钢尺寸按设计要求,安装允许偏差见下表;<br>(4)基础型钢与接地母线连接,将 40×4 的接地扁钢引入并与基础型钢两端焊牢。焊缝长度为接地扁钢宽度的 2 倍<br>基础型钢安装允许偏差
<table>
<tr><th rowspan="2">项目</th><th colspan="2">允许偏差(mm)</th></tr>
<tr><th>每米</th><th>全长</th></tr>
<tr><td>不直度</td><td>1.0</td><td>5.0</td></tr>
<tr><td>水平度</td><td>1.0</td><td>5.0</td></tr>
<tr><td>不平行度</td><td>—</td><td>5.0</td></tr>
</table>
</td><td></td></tr>
<tr><td>3.4.2</td><td>设备开箱检查</td><td>(1)设备开箱检查由安装施工单位执行,供货单位、建设单位、监理单位参加,并做好检查记录。<br>(2)按设计图纸和设备清单核对设备件数。按设备装箱单核对设备本体及附件,备件的规格、型号。核对产品合格证及使用说明书等技术资料。<br>(3)柜体外观检查应无损伤及变形,油漆完整,色泽一致。<br>(4)柜内电器装置及元件齐全,安装牢固,无损伤无缺失</td><td></td></tr>
</table>

续上表

| 序号 | 项目 | 主要控制要点 | 备注 |
|---|---|---|---|
| 3.4.3 | 设备搬运 | (1)设备搬运中,吊装由起重工作业,吊装时检查吊装人员的特种作业证书。<br>(2)设备吊点:柜顶设吊点者,吊索应利用柜顶吊点;未设有吊点者,吊索应挂在四角承力结构处,吊装时宜保留并利用包装箱底盘,避免索具直接接触柜体。<br>(3)柜体在室内搬运、位移应采用液压车、滚杠和吊链吊装及移动,不应采用人力撬动方式 | |
| 3.4.4 | 柜体安装 | (1)成套配电柜、控制柜的柜体安装应按施工图纸布置,按图纸位置的顺序将柜体安放到基础型钢上。<br>(2)单独柜体只找正面板与侧面的垂直度。成列柜体按顺序就位后先找正两端,然后挂小线逐台找正,以柜面为准。找正时采用 0.5 mm 铁片调整,每处垫片最多不超过三片。<br>(3)按柜底固定螺孔尺寸在基础型钢上定位钻孔,无特殊要求时,低压柜用 M12 的螺栓固定。<br>(4)柜体就位找正找平后,柜体与基础型钢固定,柜体与柜体,柜体与侧挡板均应用镀锌螺栓连接。<br>(5)每台柜体单独与接地母线连接。柜本体应有可靠、明显的接地装置,装有电器的可开启柜门应用裸铜软导线与接地金属构件做可靠连接。<br>(6)柜体面漆层应完整无损,色泽一致 | |
| 3.4.5 | 柜内接线及校线 | (1)按原理图逐台检查柜体上的全部电器元件是否相符,其额定电压和控制操作电源电压必须一致。<br>(2)按图敷设柜与柜之间的控制电缆连接线。电缆敷设要求按电缆敷设工艺要求进行。<br>(3)控制线校线后,将每根芯线煨成圆圈,用镀锌螺丝、平垫圈、弹簧垫圈连接在每个端子板上。端子板每侧一般一个端子压一根线,最多不能超过两根,并且两根线间加平垫圈。多股线应涮锡,不准有断股,不留毛刺。<br>(4)单芯硬电缆线芯直接插入到接线端子排内卡紧牢固 | |

续上表

| 序号 | 项目 | 主要控制要点 | 备注 |
| --- | --- | --- | --- |
| 3.4.6 | 柜体试验调整 | 柜内接线及校线完成后，施工单位组织相关技术人员及厂家现场检查试验，试验内容包括断路器、母线、互感器、双电源切换等。试验标准应符合规范要求及产品技术资料要求 | |
| 3.4.7 | 试运行及验收 | (1)送电前的准备工作：安装作业全部完毕，安质部门检查全部合格后着手组织试运行工作。明确试运行指挥者、操作者和监护人。明确职责和各项操作制度。由施工单位备齐试验合格的电工工具、验电器、绝缘靴、绝缘手套、临时接地编织铜线、绝缘胶垫、灭火器等。彻底清扫全部设备的灰尘。用吸尘器清扫电气、仪表元件。清除室内杂物，检查母线上和设备上有无遗留下的工具、金属材料及其他物件。<br>(2)送电：由供电施工单位检查合格后，将电源由 400 V 开关柜送进配电柜，经过验电校相无误。安装单位合进线柜开关受电，用万用表检查柜上电压表三相是否电压正常，并按以下步骤给其他柜送电：每次合闸后均要查看三相电压是否电压正常。<br>合进线柜开关→合低压柜进线开关<br>(3)校相：在低压柜内，在开关的上下侧(开关未合状态)进行同相校核。用电压表或万用表电压挡 500 V，用表的两个测针分别接触两路的同相，此时电压表无读数，表示两路电同一相。用同样方法检查其他两相。<br>(4)验收：送电空载运行 24 h 无异常现象，组织相关单位进行验收，并办理验收手续。同时提交产品合格证、说明书、变更洽商记录、试验报告单等技术资料 | |

成套配电柜、控制柜安装，如图 3.4.1～图 3.4.4 所示。

**图 3.4.1　基础型钢制作安装**

基础型钢应按照厂家提供的对接资料进行制作，制作偏差需满足规范要求

**图 3.4.2　设备开箱检查及运输**

设备开箱应检查设备的外观及完整性，运输过程中应注意避免磕碰

**图 3.4.3　柜体安装及接线校线**

柜体安装应找平找正，柜体内接完线后需清理并进行线路校对

**图 3.4.4　试验调整、试运行**

调试前必须对柜体进行检查，均满足要求后方可进行送电

## 3.5 动力照明配电箱安装

| 序号 | 项目 | 主要控制要点 | 备注 |
| --- | --- | --- | --- |
| 3.5.1 | 弹线定位 | (1)根据设计要求确定配电箱的安装位置,并按照箱体外形尺寸进行弹线定位。<br>(2)在同一房间内,同类箱体高度应一致,允许偏差±10 mm | |
| 3.5.2 | 明装配电箱 | (1)配电箱带有器具的箱门均应有明显可靠的裸软铜线 PE 线接地。<br>(2)配电箱安装应牢固、平正,其允许偏差不应大于 3 mm,配电箱体高 50 cm 以下,允许偏差 1.5 mm。<br>(3)配电箱上电器,仪表应牢固、平正、整洁、间距均匀。铜端子无松动,启闭灵活,部件齐全 | |
| 3.5.3 | 暗装配电箱 | (1)暗装配电箱的固定需提前预留配电箱的安装孔洞。<br>(2)在预留孔洞中将箱体找好标高及水平尺寸。稳住箱体后用水泥砂浆填实周边并抹平齐,待水泥砂浆凝固后再安装箱面。<br>(3)安装箱面要求平整。周边间隙均匀对称,箱面平正,不歪斜,螺栓垂直受力均匀 | |
| 3.5.4 | 箱内配线 | (1)配电箱上配线需排列整齐,并绑扎成束,在活动部位用扎带固定。箱面引出及引进导线应留有适当余度,以便于检修。<br>(2)导线剥削处不应损伤芯线和芯线过长,导线接头牢固可靠,多股导线挂锡后再压接,不得减少导线股数。<br>(3)配电箱的箱面上安装的各种刀闸及自动开关等,当处于断路状态时刀片可动部分和动触头均不应带电。<br>(4)配电箱上的电源指示灯,其电源应接至总开关外侧,并应装单独熔断器。盘面闸具位置应与支路相对应,其下面应装设卡片标明线路及容量。<br>(5)TN-S 中的零线应在箱体进户线处做好重复接地。<br>(6)PE 线若不是供电电缆或电缆外护层的组成部分时,按机械强度要求,截面不应小于下列数值: | |

<table>
<tr><th>序号</th><th>项目</th><th>主要控制要点</th><th>备注</th></tr>
<tr><td>3.5.4</td><td>箱内配线</td><td>
PE 线最小截面
<table>
<tr><th>相线线芯截面($mm^2$)</th><th>PE 线最小截面($mm^2$)</th><th>相线线芯截面($mm^2$)</th><th>PE 线最小截面($mm^2$)</th></tr>
<tr><td>$S \leqslant 16$</td><td>$S$</td><td>$S > 35$</td><td>$S/2$</td></tr>
<tr><td>$16 < S \leqslant 16$</td><td>16</td><td></td><td></td></tr>
</table>
(7)配电箱内线缆相序排列一致,色标正确,均匀完整,二次结线排列整齐,回路编号清晰齐全
</td><td></td></tr>
<tr><td>3.5.5</td><td>绝缘摇测</td><td>配电箱全部电器安装完毕后,用 500 V 兆欧表对线路进行绝缘摇测。摇测项目包括相线与相线之间,相线与零线之间,相线与地线之间,零线与地线之间,两人进行摇测,同时做好记录</td><td></td></tr>
<tr><td>3.5.6</td><td>试运行及验收</td><td>(1)送电前的准备工作:安装作业全部完毕,安质部门检查全部合格后着手组织试运行工作。明确试运行指挥者、操作者和监护人。明确职责和各项操作制度。由施工单位备齐试验合格的电工工具、验电器、绝缘靴、绝缘手套、临时接地编织铜线、绝缘胶垫、灭火器等。彻底清扫全部设备的灰尘。用吸尘器清扫电气、仪表元件。清除室内杂物,检查母线上和设备上有无遗留下的工具、金属材料及其他物件。<br>(2)送电:由供电施工单位检查合格后,将电源由 400 V 开关柜送进配电箱,经过验电校相无误。安装单位合进线柜开关受电,用万用表检查柜上电压表三相是否电压正常,并按以下步骤给其他柜送电:每次合闸后均要查看三相电压是否电压正常。<br>合进线配电箱开关→合出线配电箱开关<br>(3)校相:在低压柜内,在开关的上下侧(开关未合状态)进行同相校核。用电压表或万用表电压挡 500 V,用表的两个测针分别接触两路的同相,此时电压表无读数,表示两路电同一相。用同样方法检查其他两相。<br>(4)验收:送电空载运行 24 h 无异常现象,组织相关单位进行验收,并办理验收手续。同时提交产品合格证、说明书、变更洽商记录、试验报告单等技术资料</td><td></td></tr>
</table>

动力照明配电箱安装，如图 3.5.1～图 3.5.5 所示。

**图 3.5.1　弹线定位**

根据施工图纸确定箱体的走向及安装位置，从始端至终端找好水平或垂直线，进行弹线定位

**图 3.5.2　明装配电箱**

明挂的配电箱采用膨胀螺栓固定，暗装配电箱的固定需提前预留配电箱的安装孔洞，并对箱体进行找平找正

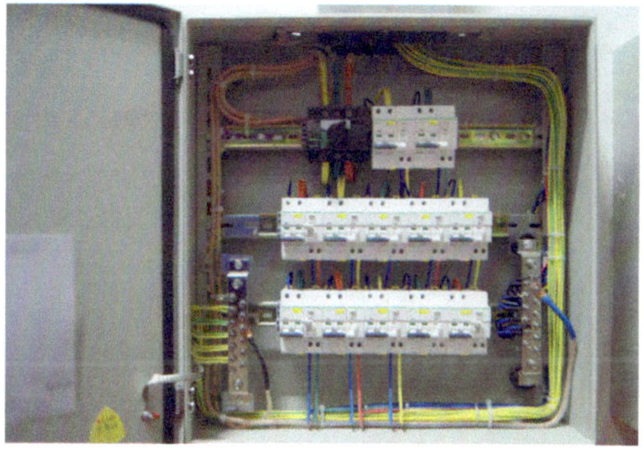

**图 3.5.3　箱内配线**

配电箱上配线需排列整齐，并绑扎成束

**图 3.5.4　绝缘遥测**

配电箱试运行前必须进行绝缘摇测，并做好各项送电准备

**图 3.5.5　试运行及验收**

配电箱试运行前必须进行绝缘摇测，并做好各项送电准备

## 3.6　电缆敷设

<table>
<tr><th>序号</th><th>项目</th><th>主要控制要点</th><th>备注</th></tr>
<tr><td>3.6.1</td><td>电缆检查</td><td>(1)电缆到货后必须检查电缆的型号、电压等级、合格证等与设计是否相符。<br>(2)检查电缆外部有无损伤,并进行绝缘测试,低压电缆用 1 000 V 兆欧表摇测绝缘,1 kV 以下绝缘电缆对地电阻不低于 10 MΩ。<br>(3)检测绝缘层厚度和圆形线芯的直径,线芯直接误差不大于标称直径的 1%</td><td></td></tr>
<tr><td>3.6.2</td><td>施工准备</td><td>(1)准备敷设电缆的施工机具及施工用料,电缆支架的架设地点应选好,以敷设方便为准,一般应在电缆起始点附近为宜。架设时应注意电缆头的转动方向,电缆引出方应在电缆轴的上方。<br>(2)电缆短时间搬运,一般采用滚动电缆轴的方法。滚动时按电缆轴上箭头指示方向滚动,如无箭头时,可按电缆缠绕方向滚动,以免电缆松动。<br>(3)敷设前,应对电缆进行外观检查及绝缘电阻试验,试验结果满足规范要求。<br>(4)合理安排施工人员组织,敷设电缆既要统一指挥又要明确分工,由于电缆线路较长,敷设时两端的指挥人员用对讲机相互联系</td><td></td></tr>
<tr><td>3.6.3</td><td>电缆敷设</td><td>电缆敷设时需排列整齐,少交叉;当设计无要求时电缆支撑点间距不大于下表的规定。<br>电缆支持点间距
<table>
<tr><th colspan="2" rowspan="2">电缆种类</th><th colspan="2">敷设方式</th></tr>
<tr><th>水平(mm)</th><th>垂直(mm)</th></tr>
<tr><td></td><td>全塑性</td><td>400</td><td>1 000</td></tr>
<tr><td></td><td>除全塑性外的电缆</td><td>800</td><td>1 500</td></tr>
<tr><td colspan="2">控制电缆</td><td>800</td><td>1 500</td></tr>
</table>
(1)水平敷设<br>①电缆沿桥架敷设时,应将电缆单层敷设,排列整齐。不得有交叉,拐弯处应以最大截面电缆</td><td></td></tr>
</table>

续上表

| 序号 | 项目 | 主要控制要点 | 备注 |
|---|---|---|---|
| 3.6.3 | 电缆敷设 | 允许弯曲半径为准；<br>②控制电缆与电力电缆在同一桥架上敷设时，宜用隔板隔开；<br>③电缆敷设排列整齐，水平敷设的电缆，首尾两端、转弯两侧及每隔 5～10 m 处设固定点。<br>(2)垂直敷设：<br>垂直敷设电缆时，自上而下进行敷设；敷设前，选好位置，架好电缆盘，电缆的向下弯曲部位用滑轮支撑电缆，在电缆轴附近设制动和防滑措施。<br>(3)管内电缆敷设<br>①检查钢管管口需平整光滑，无毛刺。钢管内如有杂物，在敷设电缆前，应将杂物清理干净；<br>②先用安装有电缆牵引头并涂有电缆润滑油的钢丝绳与电缆的一端连接，钢丝绳的另一端穿过电缆钢管，拖拉电缆力量要均匀，检查电缆牵引过程中有无卡阻现象，如张力过大，应查明原因，问题解决后，继续牵引电缆；<br>③敷设电缆的电缆管，在穿越防火分区处按设计要求的位置，要有防火阻隔措施。 | |
| 3.6.4 | 电缆的排列和固定 | (1)电缆敷设排列整齐，间距均匀，不应有交叉现象。<br>(2)大于 45°倾斜敷设的电缆每隔 2 m 处设固定点。<br>(3)水平敷设的电缆，首尾两端、转弯两侧及每隔 5～10 m 处设固定点。<br>(4)对于敷设于垂直桥架内的电缆，每敷设一根应固定一根，电缆固定点间距为 1.5 m，控制电缆固定点间距为 1 m。<br>(5)敷设在竖井及穿越不同防火区的桥架，需用防火泥和阻火包作好防火封堵 | |
| 3.6.5 | 挂牌标志 | (1)标志牌规格应一致，并有防腐性能，挂装应牢固。<br>(2)标志牌上应注明电缆编号、规格、型号、电压等级及起始位置。<br>(3)沿电缆桥架敷设的电缆在其两端、拐弯处、交叉处应挂标志牌，直线段应增设标志牌 | |

电缆敷设，如图 3.6.1～图 3.6.4 所示。

**图 3.6.1　电缆检查**

核对施工图纸，对电缆进行检查，并做好电缆的各项施工准备工作

**图 3.6.2　电缆敷设**

电缆敷设过程中应符合各项电缆敷设施工工艺规范

**图 3.6.3　电缆固定**

电缆敷设排列整齐，间距均匀，不应有交叉现象

**图 3.6.4　电缆排列、固定、挂牌**

标志牌规格应一致，并有防腐性能，挂装应牢固

## 3.7 电缆头制作及接线和线路绝缘测试

| 序号 | 项目 | 主要控制要点 | 备注 |
|---|---|---|---|
| 3.7.1 | 电缆绝缘测试 | 将电缆封口打开,用 1 000 V 摇表测试电缆绝缘,1 kV 以下绝缘电缆对地电阻不低于 10 MΩ | |
| 3.7.2 | 剥除电缆保护层 | (1)剥外护层:用卡子将电缆垂直固定,从电缆端口量取约 550 mm,剥去外护层。<br>(2)剥铠装:从外护层断口量取 30 mm 铠装,用铅丝绑紧后,其余剥取。<br>(3)剥内垫层:从铠装断口量取 20 mm 内垫层,其余剥取。然后,摘去填充物,分开线芯 | |
| 3.7.3 | 地线连接 | (1)用编织铜线作电缆钢带及屏蔽引出接地线。用电烙铁、焊锡焊在屏蔽铜带上。用砂布打光钢带焊接区,用铜丝绑扎后和钢带焊牢。在密封处的地线用锡填满编织线,形成防潮段。<br>(2)利用电缆本身钢带宽的二分之一做卡子,采用咬口的方法将卡子打牢,必须打两道,防止钢带松开,两道卡子的间距为 15 mm,剥电缆铠甲,用钢锯在第一道卡子向上 3～5 mm 处,锯一环形深痕,深度为钢带厚度的 2/3,不得锯透。<br>(3)用螺丝刀在锯痕尖角处将钢带挑起,用钳子将钢带撕掉,随后将钢带锯口处用钢锉修理钢带毛刺,使其光滑。地线采用焊锡焊接于电缆钢带上,焊接应牢固,不应有虚焊现象,应注意不要将电缆烫伤,必须焊在两层钢带上 | |
| 3.7.4 | 固定热缩五指套 | (1)固定热缩手套:将热缩手套套入电缆芯的根部。然后,用喷灯加热收缩固定。加热时从手套的根部依次向两端收缩固定。<br>(2)热缩材料加热收缩时应注意:<br>①直接使用喷灯,加热收缩温度为 110～120 ℃;<br>②调节喷灯火焰使其呈黄色柔和火焰,谨防高温蓝色火焰,以免烧伤热收缩材料;<br>③开始加热材料时,火焰要慢慢接近材料,在材料周围移动均匀加热,不断晃动,火焰与轴线夹角约 45 ℃,缓慢向前推进; | |

续上表

| 序号 | 项目 | 主要控制要点 | 备注 |
| --- | --- | --- | --- |
| 3.7.4 | 固定热缩五指套 | ④火焰应螺旋状前进，保证管子沿周围方向充分均匀收缩。收缩完毕的热缩管应光滑、无裙皱、无气泡；<br>⑤热缩管收缩后，清除在其表面残留的痕迹 | |
| 3.7.5 | 压接端子 | (1)从芯线端头量出长度为线鼻子的深度，另加 5 mm，剥去电缆芯线绝缘。<br>(2)将芯线插入接线鼻子内，用压线钳子压紧接线鼻子，压接应在两道以上。<br>(3)根据不同的相位，使用黄、绿、红、蓝、双色五色塑料带分别包缠电缆各芯线至接线鼻子的压接部位。<br>(4)将做好终端头的电缆，固定在预先做好的电缆头支架上，并将芯线分开。<br>(5)根据接线端子的型号，选用螺栓将电缆接线端子压接在设备上，注意应使螺栓由上向下或从内向外穿，平垫和弹簧垫应安装齐全 | |
| 3.7.6 | 固定绝缘管、相色密封管 | (1)切去多余长度的绝缘管，电缆切到与线芯绝缘末端齐，用填充胶填充端子与绝缘之间的间隙及接线端子上的压坑。<br>(2)在电缆头附近用火时，应注意将电缆头保护好，防止将电缆头烧坏或烤伤。<br>(3)电缆头制作完毕以后，应立即与设备连接好，不得乱放，以防损伤成品 | |
| 3.7.7 | 送电试运行、验收 | 送电空载运行 24 h 无异常现象，办理验收手续交建设单位使用。同时提交变更洽商、产品说明书、合格证、试验报告和运行记录等技术文件 | |

电缆头制作及接线和线路绝缘测试，如图 3.7.1～图 3.7.7 所示。

**图 3.7.1　电缆的绝缘摇测**

将电缆封口打开，用 1 000 V 摇表测试电缆绝缘，1 kV以下绝缘电缆对地电阻不低于 10 MΩ

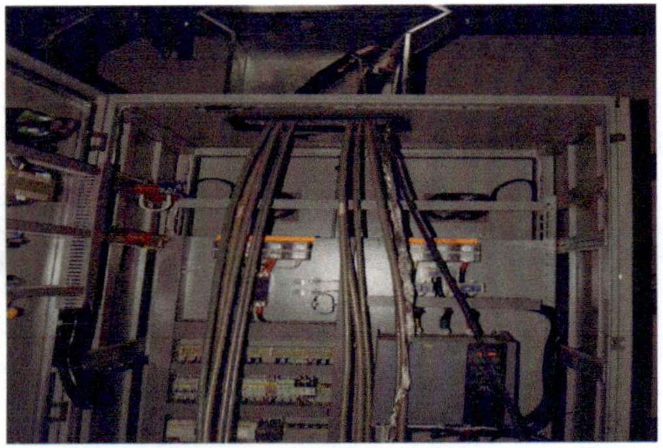

**图 3.7.2　剥除电缆保护层**

应依次剥除电缆的外护层、铠装、内垫层

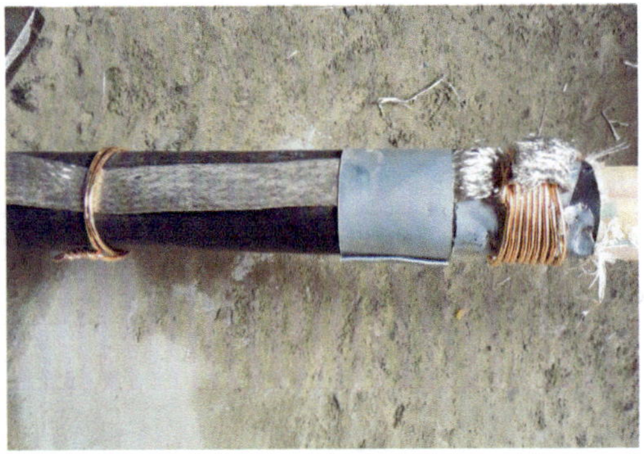

**图 3.7.3　地线连接**

用编织铜线作电缆钢带及屏蔽引出接地线

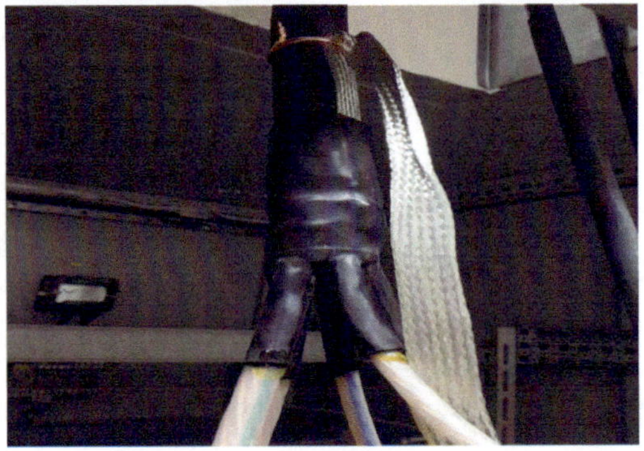

**图 3.7.4　固定热缩五指套**

应按照规范要求进行施工

**图 3.7.5　固定绝缘管、相色密封管**

应按照规范要求进行施工，依次进行固定

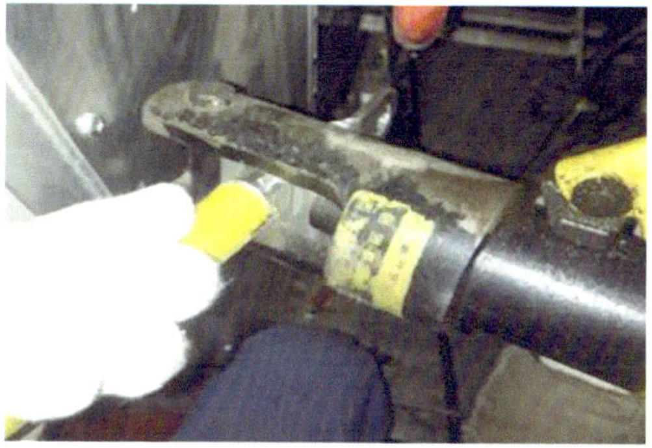

**图 3.7.6　固定应力管、压接端子**

用压线钳子压紧接线鼻，压接应在两道以上

**图 3.7.7　送电试运行、验收**

送电空载运行 24 h 无异常现象，办理验收手续交建设单位使用。同时提交变更洽商、产品说明书、合格证、试验报告和运行记录等技术文件

## 3.8 灯具安装

| 序号 | 项目 | 主要控制要点 | 备注 |
|---|---|---|---|
| 3.8.1 | 灯具检查 | (1)根据灯具的安装场所检查灯具是否符合要求：<br>①消防泵房、污水泵房等多尘、潮湿的场所采用密闭式防水、防尘的灯具；<br>②站台板下选用 36 V 的 LED 安全照明灯；<br>③吊顶房间统一采用格栅式荧光灯具；<br>④区间隧道选用防水、防尘、防振的 LED 灯具；<br>⑤无吊顶的设备管理用房选用带反射罩灯具壁装或吊装，风机房、风道等采光条件较差的房间采用支架式灯具壁装。<br>(2)根据装箱单清单清点安装配件。<br>(3)注意检查制造厂的有关技术文件是否齐全。<br>(4)检查灯具外观是否正常，有无擦碰、变形受潮、金属镀层剥落锈蚀等现象 | |
| 3.8.2 | 荧光灯安装 | (1)吊杆下挂荧光灯：<br>①根据图纸确定安装位置，确定丝杆的吊点；<br>②根据吊顶打孔并装入膨胀螺丝；<br>③根据灯具的安装高度确定丝杆、金属软管及导线的长度(使电线不受力)安装丝杆；<br>④将灯具底座内预留的安装孔与丝杆可靠连接。<br>(2)壁装式荧光灯的安装：<br>①比照灯具底座画好安装孔的位置，打孔并装入膨胀螺栓；<br>②将灯具底座内预留的安装孔用螺钉固定好底座；<br>③将灯内导线与电源线用压接帽可靠连接 | |

续上表

| 序号 | 项目 | 主要控制要点 | 备注 |
|---|---|---|---|
| 3.8.3 | 筒灯安装 | (1)应预先提交有关位置及尺寸交建筑装修人员在吊顶天花板上开孔。<br>(2)将吊顶上接线盒内引出的电源线与灯具电源的接线端子可靠连接。<br>(3)将灯具推入安装孔固定。<br>(4)调整灯具边框。如灯具对称安装,其纵向中心轴线应在同一直线上,偏斜不应大于 5 mm | |
| 3.8.4 | 吸顶式座灯的安装 | (1)将电源线留足维修长度后剪除余线并剥出线头。<br>(2)区分相线与零线,对于螺口灯座中心簧片应接相线,不得混淆。<br>(3)用连接螺钉将灯座安装在接线盒上 | |
| 3.8.5 | 区间隧道 LED 灯安装 | (1)根据底座两侧的锚栓安装孔洞在隧道壁上定位开孔;<br>(2)将导线穿金属软管和灯具接线盒内的电源线连接;<br>(3)盖上接线盒盖板,理顺垂下的导线并将灯具调平 | |
| 3.8.6 | 通电试运行 | (1)灯具安装完毕后,经绝缘测试检查合格后,方允许通电试运行。<br>(2)通电后应仔细检查和巡视,检查灯具的控制是否灵活、准确;开关与灯具控制顺序是否对应,灯具有无异常噪声,如发现问题应立即断电,查出原因并修复 | |

灯具安装，如图 3.8.1～图 3.8.5 所示。

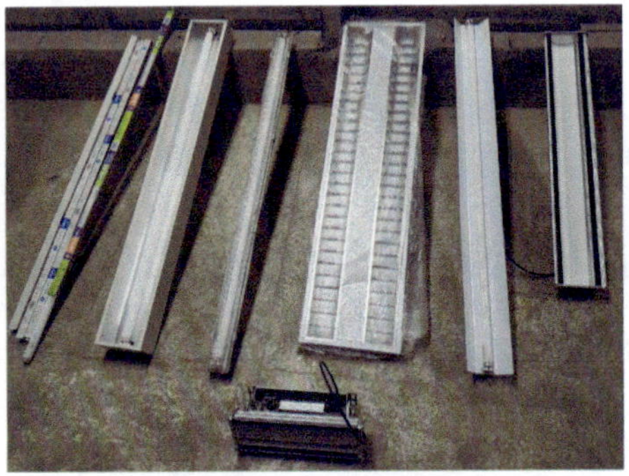

**图 3.8.1　灯具检查**

检查灯具的外观等内容及安装房间进行分类检查

**图 3.8.2　荧光灯安装**

吊杆下挂荧光灯及壁装式荧光灯的安装

**图 3.8.3　筒灯安装**

应预先提交有关位置及尺寸交建筑装修人员在吊顶天花板上开孔

**图 3.8.4　区间隧道 LED 灯安装**

根据底座两侧的锚栓安装孔洞在隧道壁上定位开孔

**图 3.8.5　通电试运行**

灯具安装完毕后，经绝缘测试检查合格后，方允许通电试运行

## 3.9 开关、插座安装

| 序号 | 项目 | 主要控制要点 | 备注 |
|---|---|---|---|
| 3.9.1 | 校对盒的位置和标高 | 根据施工图纸上的标高尺寸校核插座盒和开关盒的位置及标高。插座底边安装高度距地面完成面 0.30 m，开关底边距地面完成面 1.3 m，开关距门外边缘 0.20 m，安全出口标志灯距门框上沿 0.20 m | |
| 3.9.2 | 接线盒检查清理 | (1)用錾子轻轻地将盒子内残留的水泥、灰块等杂物剔除，用小号油漆刷将接线盒内杂物清理干净。<br>(2)检查有无接线盒预埋安装位置错位(即螺丝安装孔错位 90°)、螺丝安装孔耳缺失、相邻接线盒高差超标等现象，应及时修整 | |
| 3.9.3 | 接线 | (1)将接线盒内导线留出维修长度后剪除余线，用剥线钳剥出适宜长度，以刚好能插入接线孔的长度为宜。<br>(2)注意区分相线、零线及保护地线，不得混乱。<br>(3)开关、插座的相线应经开关关断。<br>(4)插座接线：<br>单相两孔插座有横状和竖装两种。横状时，面对插座的右极接相线，左极接零线；竖装时，面对插座的上极接相线，下极接零线。安装时应注意插座内的接线标识 | |
| 3.9.4 | 安装开关、插座 | (1)按接线要求，将盒内导线与开关、插座的面板连接好后，将面板推入，对正安装孔，用镀锌螺丝固定牢固。固定时使面板端正，与墙面平齐。对附在面板上的安装孔装饰帽应事先取下备用，在面板安装调整完毕后再盖上，以免多次拆卸划损面板。<br>(2)公共区地埋的检修插座应为防水型，面板与地面之间应有防水措施 | |
| 3.9.5 | 通电试验 | (1)开关、插座安装完毕后，且各条支路的绝缘电阻摇测合格后，方允许通电试运行。<br>(2)通电后应仔细检查和巡视，检查灯具的控制是否灵活、准确；开关与灯具控制顺序相对应，如发现问题必须先断电，然后查找原因进行修复 | |

开关、插座安装，如图 3.9.1～图 3.9.4 所示。

**图 3.9.1　校对盒的位置和标高**

根据施工图纸上的标高尺寸和建筑装修图纸上房间地面的做法校核插座盒和开关盒的位置及标高

**图 3.9.2　接线盒检查清理**

对接线盒进行内外的清理，清理掉杂物及污垢

**图 3.9.3　接线、安装开关、插座**

接线并进行开关和插座的安装

**图 3.9.4　通电试验**

开关、插座安装完毕后，且各条支路的绝缘电阻摇测合格后，方允许通电试运行

## 3.10 接地系统安装

| 序号 | 项目 | 主要控制要点 | 备注 |
|---|---|---|---|
| 3.10.1 | 测量定位 | (1)对车站内预留接地引出点接地电阻进行复测。接地电阻值不大于 1 Ω;地铁车站的预留接地引出点一般在站台层的站台板下。<br>(2)根据接地引出点的位置及施工图纸确定接地电缆的敷设路径 | |
| 3.10.2 | 接地端子排安装 | (1)有静电地板的房间,接地端子排安装在静电地板下,落地安装;接地铜母排装于二只 ZNA-6MN 支柱绝缘子上,支柱绝缘子以嵌入式膨胀螺栓固定于静电地板下的结构地面上,铜排距地约 100 mm,注意接地端子排不要影响静电地板底座支架和弱电线槽的安装。<br>(2)无静电地板的房间,采用接地端子箱挂墙明装,接地端子箱用膨胀螺栓固定在墙体上,安装高度为距地面 0.3 m,接地端子箱内需做好接地电缆配管的安装 | |
| 3.10.3 | 接地电缆敷设 | 接地电缆从站台板下的接地引出点引出,通过穿钢管或沿电缆支架敷设。接地电缆采用低烟无卤阻燃电缆 | |
| 3.10.4 | 接地电缆与接地端子排固定 | 接地电缆通过铜鼻子与铜排用镀锌螺栓紧固,连接处需加过锡垫片,连接需可靠牢固无松动 | |
| 3.10.5 | 建筑物等电位连接 | (1)环控电控室接地预埋 40 mm×4 mm 的扁钢,预埋方式为埋地敷设及贴墙敷设。预埋扁钢一端与设备基础预埋件可靠焊接,另一端应延伸至墙壁,与环控电控室的门框牢固连接。并使用 WDZR-YJV-0.6/1KV 1×120 型电缆将设备基础与站台层变电所内的强电接地母排相连。<br>(2)各类配电箱、柜的接地应牢固良好。装有电器的可开启的门,应以裸铜软线与接地的金属构架可靠地连接。 | |

续上表

| 序号 | 项目 | 主要控制要点 | 备注 |
| --- | --- | --- | --- |
| 3.10.5 | 建筑物等电位连接 | (3)车站电缆桥架、金属栏杆、进出车站的水管及金属保护管等,应通过不小于 4 $mm^2$ 的软铜线与镀锌接地扁钢连接,镀锌接地扁钢与车站金属管线接地母排可靠连接,镀锌接地扁钢安装于车站离壁墙内或结构顶面。<br>(4)镀锌钢管、可挠性金属软管、金属接线盒、金属线槽必须与保护地线(PE线)有可靠的电气连接,不得熔焊跨接接地线,以专用接地卡跨接截面积不小于 4 $mm^2$ 的铜芯软导线连接。<br>(5)接地线过伸缩缝处,应留有余量;并分别距伸缩缝两端 100 mm 加以固定 | |
| 3.10.6 | 接地电阻值测量 | 接地线缆及接地端子排安装完毕并经检查无误后,进行接地电阻测试,接地电阻值需小于 1 Ω | |

接地系统安装，如图 3.10.1～图 3.10.6 所示。

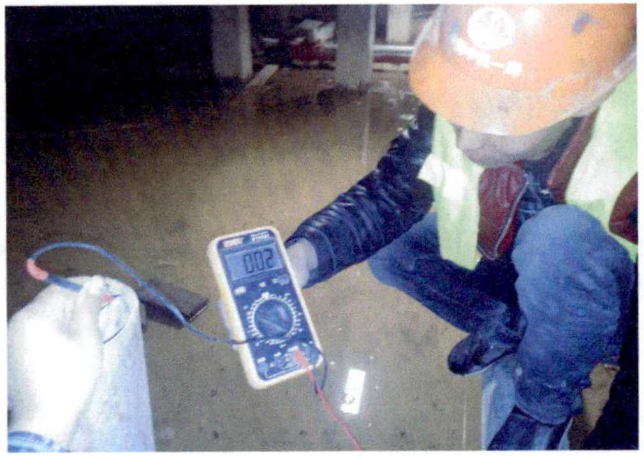

**图 3.10.1　测量定位**

对车站内预留接地引出点接地电阻进行复测

**图 3.10.2　接地端子箱安装**

按照有静电地板的房间及无静电地板的房间分类进行安装

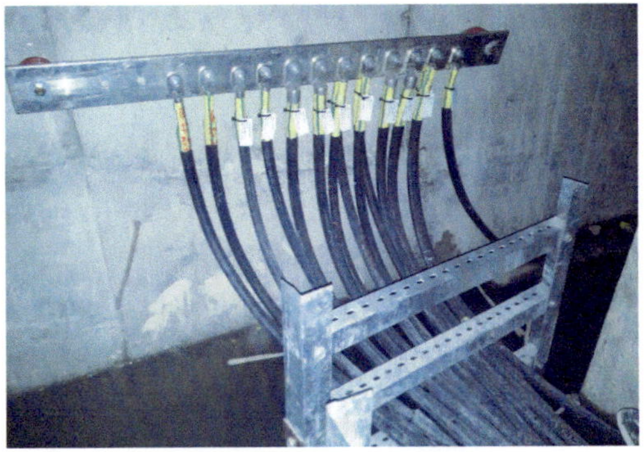

**图 3.10.3　接地电缆敷设**

接地电缆从站台板下的接地引出点引出，通过穿钢管或沿电缆支架敷设

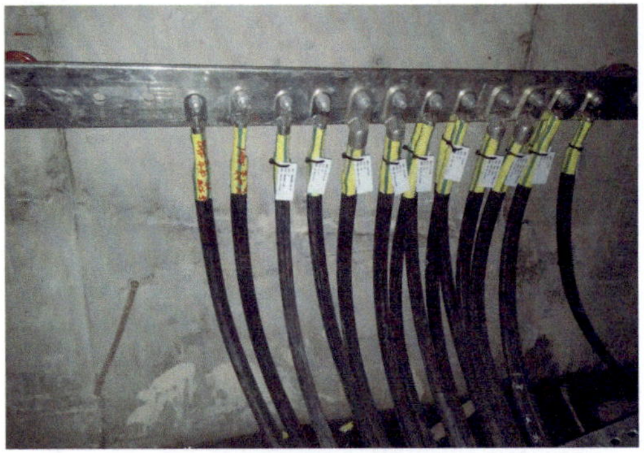

**图 3.10.4　接地电缆与接地端子排固定**

接地电缆通过铜鼻子与铜排用镀锌螺栓紧固，连接处需加过锡垫片，连接需可靠牢固无松动

**图 3.10.5　建筑物等电位连接**

环控电控室接地预埋 40×4 mm 的扁钢，预埋扁钢一端与设备基础预埋件可靠焊接，另一端应延伸至墙壁，与环控电控室的门框牢固连接

**图 3.10.6　接地电阻值测量**

接地线缆及接地端子排安装完毕并经检查无误后，进行接地电阻测试，接地电阻值需小于 1 Ω

## 3.11 照明通电试运行

| 序号 | 项目 | 主要控制要点 | 备注 |
| --- | --- | --- | --- |
| 3.11.1 | 通电试运行前检查 | (1)检查总电源开关至各照明回路进线电源开关接线是否正确。<br>(2)照明配电箱及回路标识应正确一致。<br>(3)检查配电箱内漏电保护器接线是否正确,严格区分工作零线(N)与专用保护零线(PE),专用保护零线(PE)严禁接入漏电开关。<br>(4)检查开关箱内各接线端子连接是否正确可靠。<br>(5)断开各回路分电源开关,合上总进线开关,检查漏电测试按钮是否灵敏有效 | |
| 3.11.2 | 分回路试通电 | (1)将各回路灯具等用电设备开关全部置于断开位置。<br>(2)逐次合上各分回路电源开关。<br>(3)分回路逐次合上灯具的控制开关,检查开关与灯具控制顺序是否对应、风扇的转向及调速开关是否正常。<br>(4)用试电笔检查各插座相序连接是否正确,带开关插座的开关是否能正确关断相线 | |
| 3.11.3 | 故障检查整改 | (1)发现问题应及时排除,不得带电作业。<br>(2)对检查中发现的问题应采取分回路隔离排除法予以解决。<br>(3)对开关一送电,漏电保护就跳闸的现象重点检查工作零线与保护零线是否混接、导线是否绝缘不良 | |
| 3.11.4 | 系统通电连续试运行 | 照明系统通电连续试运行时间应为 24 h。所有照明灯具均应开启,且每 2 h 记录运行状态 1 次,连续试运行时间内无故障 | |

照明通电试运行，如图 3.11.1～图 3.11.4 所示。

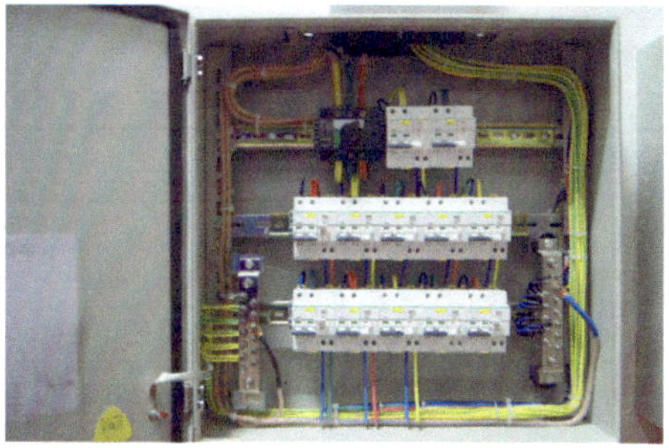

**图 3.11.1　通电试运行前检查**

检查总电源开关至各照明回路进线电源开关接线是否正确

**图 3.11.2　分回路试通电**

将各回路灯具等用电设备开关全部置于断开位置

**图 3.11.3　故障检查整改**

发现问题应及时排除，不得带电作业

**图 3.11.4　系统通电连续试运行**

照明系统通电连续试运行时间应为 24 h。所有照明灯具均应开启且每 2 h 记录运行状态 1 次，连续试运行时间内无故障

## 3.12 低压动力设备试验和试运行

| 序号 | 项目 | 主要控制要点 | 备注 |
| --- | --- | --- | --- |
| 3.12.1 | 准备工作 | (1)做好技术交底和调试方案的编制等技术准备工作。<br>(2)调试地点应尽可能的保持整洁,试验时不必要的工具、试验设备等应搬离。<br>(3)在二次回路检验以前,应使一次设备在操作过程中不致带上运行电压。<br>(4)对远距离操作设备进行检验时,在设备附近应设专人监视其动作情况,并配备对讲机。<br>(5)工作场所应有适当的照明装置。在需要读取仪表指示数的地方,必须有足够的照明 | |
| 3.12.2 | 接地或接零的检查 | (1)逐一复查各接地处安装是否正确,接触是否牢固可靠,是否正确无误地连接到接地网上:<br>①设备基础、金属外壳接地或接零连接完成。<br>②接地点应与接地网连接,不可将设备的机身或电机的外壳代地使用。<br>③各设备接地点应接触良好,牢固可靠且标识明显。要接在专为接地而设的螺栓上,不可用管卡子等附属物为接地点。<br>④接地线路走向合理,不要置于易碰伤和砸断之处。<br>⑤禁止用一根导线做各处的串联接地。<br>⑥不允许将一部分电气设备金属外壳采用保护接地,将另一部分电气设备金属外壳采用保护接零。<br>(2)各类配电箱、柜接地或接零检查:<br>①装有电器元件的可开启门,门和框架的接地端子应用裸编织铜线连接,且有标识。<br>②各类柜体或箱体内保护导体应有裸露的连接外部保护导体的端子,当设计无要求时,箱柜内保护导体最小截面积不应小于《建筑电气工程施工质量验收规范》(GB 50303—2015)的规定。<br>③照明箱内,应分别设置零线(N)和保护地线(PE线)汇流排,零线和保护地线经汇流排配出。<br>(3)明敷接地干线,沿长度方向,每段为 15~100 mm,分别涂以黄色和绿色相同的条纹 | |

续上表

| 序号 | 项目 | 主要控制要点 | 备注 |
|---|---|---|---|
| 3.12.3 | 二次接线的检查 | (1)柜内接线的检查：<br>①依据施工设计图纸及变更文件，核对柜内的元件规格、型号，安装位置应正确。<br>②柜内两侧的端子排不能缺少。<br>③各导线的截面是否符合图纸的规定。<br>④逐线检查柜内各设备间的连线及由柜内设备引至端子排的连线不能有错误，接线必须正确。为了防止因并联回路而造成错误，接线时可根据实际情况，将被查部分的一端解开然后检查。检查控制开关时，应将开关转动至各个位置逐一检查。<br>(2)柜间联络电缆检查(通路试验)柜与柜之间的联络电缆需逐一校对。通常使用摇表校线法。校线时，用一根导线将其一端接至电缆的屏蔽层上，另一端接至电缆的任何一根缆芯上。用摇表的另一端依次接触至电缆的每一缆芯。当摇动摇表，摇表指示数值为零时，即表示为同一缆芯(应注意的是，用手来慢慢地摇动摇把，不要像测定绝缘电阻时的过快摇速，否则易将摇表内部发电机等零件毁坏 | |
| 3.12.4 | 控制回路模拟动作试验 | (1)断开电气线路的主回路开关出线处，电动机等电气设备不受电；接通控制电源，检查各部的电压是否符合规定，信号灯、零压继电器等工作是否正常。<br>(2)操作各按钮或开关，相应的各继电器、接触器的吸合和释放都应迅速，无黏滞现象和不正常噪声。各相关信号灯指示要符合图纸的规定。<br>(3)用人工模拟的方法试动各保护元件，应能实现迅速、准确、可靠的保护功能。如模拟合闸、分闸，也可将各个连锁接点(包括电信号和非电信号)，进行人工模拟动作而控制主回路开关的动作。检查无功功率补偿手动投切是否正常。<br>(4)手动各行程开关，检查其限位作用的方向性及可靠性。<br>(5)对设有电气连锁环节的设备，应根据电气原理图检查连锁功能是否准确可靠 | |

续上表

| 序号 | 项目 | 主要控制要点 | 备注 |
|---|---|---|---|
| 3.12.5 | 设备手动转动试验 | 进行设备手动转动试验，要注意电气设备的动作方向符合建筑设备的工艺要求。如电动机正转打开阀门，反转关闭阀门等。主要包括以下内容：<br>(1)检查各电机安装是否牢固，防护网、罩是否装好；<br>(2)用手转动机轴应轻松，无卡阻现象，并不得有机械的碰击声或出现其他异常声音；<br>(3)对于不可逆转的电动机，在起动之前，先要确定三相电源线路的相序和电动机的旋转方向，才能使电动机按规定的方向运动 | |
| 3.12.6 | 试运行 | (1)参加试运的全体人员应服从统一指挥。<br>(2)无论送电或停电，均应严格执行操作规程。<br>(3)起动后，试运人员要坚守岗位，密切注意仪表指示，电动机的转速、声音、温升及继电保护、开关、接触器等器件是否正常。随时准备出现意外情况而紧急停止。<br>(4)传动装置应在空载下进行试运，空载运行良好后，再带负荷。<br>(5)带有限位保护的设备，应用点动方式进行初试，再由低速到高速进行试运，如有惯性越位时，应重复调整后再试运。<br>(6)电动闸门类设备，第一次调试时，应在接近极限位置前停止，改用手动关闭闸门，手动调好后，再采用电动方式检查。<br>(7)试运时，如果电气或机械设备发生特殊意外情况，来不及通知试运负责人，操作人员可自行紧急停止。<br>(8)试运中如果继电保护装置动作，应尽快查明原因，不得任意增大整定值，不准强行送电。<br>(9)更换电源后，应注意复查电机的旋转方向 | |
| 3.12.7 | 整理编写调试记录报告 | 调试过程中，整理编写调试记录报告并做好资料的存档 | |

低压动力设备试验和试运行，如图 3.12.1～图 3.12.6 所示。

**图 3.12.1　准备工作**

做好技术交底和调试方案的编制等技术准备工作

**图 3.12.2　接地或接零的检查**

逐一复查各接地处安装是否正确，接触是否牢固可靠，是否正确无误地连接到接地网上

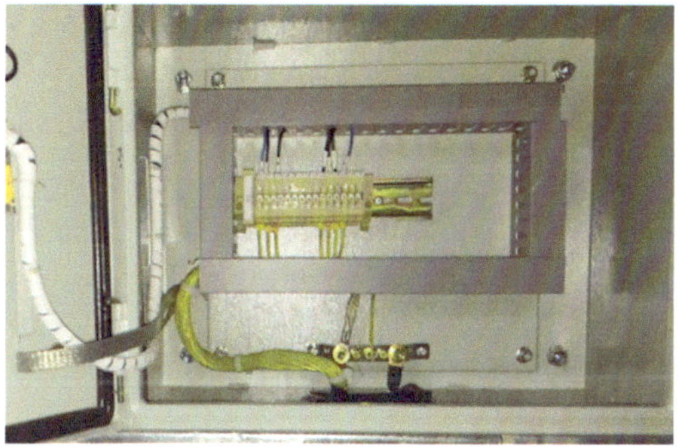

**图 3.12.3　二次接线的检查**

进行箱、柜内及箱、柜间的二次接线检查

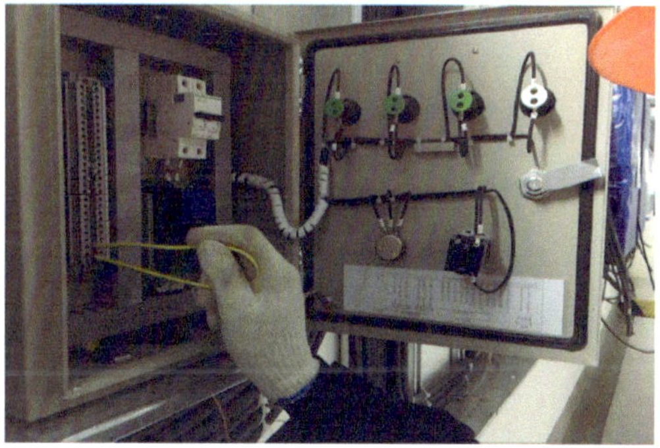

**图 3.12.4　控制回路模拟动作**

对设有电气连锁环节的设备，应根据电气原理图检查连锁功能是否准确可靠

**图 3. 12. 5　设备手动转动试验**

进行设备手动转动试验，要注意电气设备的动作方向符合工艺要求

**图 3. 12. 6　试运行**

无论送电或停电，均应严格执行操作规程建筑设备的工艺要求

# 4 装配式综合支吊架安装

| 序号 | 项目 | 主要控制要点 | 备注 |
| --- | --- | --- | --- |
| 4.0.1 | 综合管线深化设计 | (1)施工单位根据综合管线设计图对综合管线进行二次深化设计，深化设计的原则是：小管让大管，有压管让无压管，电力、通信、信号等走上面，水管走下面。<br>(2)管道支吊架的材料选型需根据各专业管线的密集程度及荷载重量计算。<br>(3)综合管线深化设计完成后，经综合管线设计单位、各专业设计单位以监理单位及业主单位的审核确认签字后，方可实施 | |
| 4.0.2 | 测量放线 | 根据各方签字确认后的综合管线深化设计的平面图及剖面图，确定支吊架的安装走向及位置，用红外线放线仪测量定位。支吊架安装的水平线以建筑装饰专业弹出的 1 m 线为基准 | |
| 4.0.3 | 现场预制加工 | (1)根据综合管线深化设计的剖面图上的材料型号，选择合适的槽钢，槽钢按图纸尺寸切割成适合现场实际情况的长度。<br>(2)根据图纸选择需要的配件：螺母、连接件、弹簧螺母、锚栓、固定底座等。<br>(3)切割槽钢和螺杆时采用砂轮切割机，切割完成后需要把断口处的毛刺打磨干净，并涂刷环氧富锌漆(灰色)进行防腐处理，最后喷涂银粉漆保证切口处的颜色与原槽钢颜色一致。切割槽钢必须按照槽钢上标示的刻度(槽钢上有 5 cm 和 10 cm 的刻度)进行，以保证后续安装的精确度。切割时尽量避开槽钢上的腰孔 | |
| 4.0.4 | 顶板固定底座的安装 | (1)定位：根据红外线放线仪确定顶板固定底座的安装位置，并根据固定底座两侧固定锚栓的孔洞画出锚栓安装位置。<br>(2)钻孔并清洁：在锚栓安装位置用电钻按照锚栓安装钻孔要求进行钻孔，钻孔使用厂家配套的 $\phi16$ 钻头(与锚栓配套)，钻孔深度为锚栓的膨胀管的长度(约 8 cm)，并在钻孔完成后，用 | |

续上表

| 序号 | 项目 | 主要控制要点 | 备注 |
|---|---|---|---|
| 4.0.4 | 顶板固定底座的安装 | 气筒或毛刷将内部清洁干净。<br>(3)放入锚栓:将 M12 的锚栓按照安装要求装入安装孔洞内。安装深度以锚栓螺杆上的一圈黑线为宜,一般为 8 cm。<br>(4)固定底座:将底座固定在锚栓上并拧紧螺母 | |
| 4.0.5 | 竖向槽钢的安装 | (1)放入弹簧螺母:根据综合管线深化设计的剖面图,确定竖向槽钢和横向槽钢的连接螺母数量,将弹簧螺母放入槽钢内安装位置。<br>(2)旋转并定位弹簧螺母:在槽钢内旋转弹簧螺母并定位。<br>(3)连接槽钢和顶板固定底座:将槽钢连带弹簧母放到顶板固定底座的对应位置,使连接件的安装孔与弹簧螺母的孔对应。<br>(4)固定竖向槽钢和顶板固定底座:将固定螺栓和垫片拧入安装孔和螺母,并使用扭矩扳手拧紧(扭紧力矩:M12:70 N·m,M10:50 N·m) | |
| 4.0.6 | 槽钢横支架的安装 | (1)定位:根据综合管线深化设计图中各剖面图上管路标高确定槽钢横担位置并用铅笔在竖向槽钢上画线。<br>(2)槽钢横支架和连接件的安装:将弹簧螺母放入横向安装的槽钢;在槽钢内旋转弹簧螺母并定位;将连接件连接在槽钢和弹簧螺母的对应位置,使连接件的安装孔与弹簧螺母的孔对应;将固定螺栓和垫片拧入安装孔和螺母,并拧紧。<br>(3)连接槽钢横支架与竖向槽钢:根据画线将弹簧螺母移动至竖向槽钢内安装位置并旋转定位;将连接件连接在竖向槽钢和弹簧螺母的对应位置,使连接件的安装孔与弹簧螺母的孔对应;将固定螺栓和垫片拧入安装孔和螺母,并拧紧 | |
| 4.0.7 | 管道的固定 | 在槽钢横支架上确定管道的位置,安装管道,管道固定使用 U 形卡固定,U 形卡两端的螺杆伸入横支架下平面的腰孔内,调整 U 形卡的螺杆的高度,在下端用螺母拧入螺杆固定 | |
| 4.0.8 | 校正 | 支吊架安装完成后,进行水平度和垂直度的检查 | |
| 4.0.9 | 安装端帽 | 支吊架校正完成后,进行竖向槽钢底面端帽的安装 | |

装配式综合支吊架安装，如图 4.0.1～图 4.0.9 所示。

**图 4.0.1　综合管线深化设计**

施工单位根据设计院出的综合管线图对综合管线进行二次深化设计，经确认签字后，方可实施

**图 4.0.2　测量放线**

根据各方签字确认后的综合管线深化设计的平面图及剖面图，确定支吊架的安装走向及位置，用红外线放线仪测量定位

**图 4.0.3　现场预制加工**

根据图纸选择需要的配件：螺母、连接件、弹簧螺母、锚栓、固定底座等

**图 4.0.4　顶板固定底座的安装**

将 M12 的锚栓按照安装要求装入安装孔洞内。安装深度以锚栓螺杆上的一圈黑线为宜，一般为 8 cm。将底座固定在锚栓上并拧紧螺母

**图 4.0.5　竖向槽钢的安装**

将固定螺栓和垫片拧入安装孔和螺母，并使用扭矩扳手拧紧(扭紧力矩:M12:70 N·m,M10,50 N·m)

**图 4.0.6　槽钢横支架的安装**

根据画线将弹簧螺母移动至竖向槽钢内安装位置并旋转定位；将连接件连接在竖向槽钢和弹簧螺母的对应位置

**图 4.0.7　管道的固定**

在槽钢横支架上确定管道的位置，管道固定使用专用 U 形卡固定

**图 4.0.8　校正**

支吊架安装完成后，进行水平度和垂直度的检查

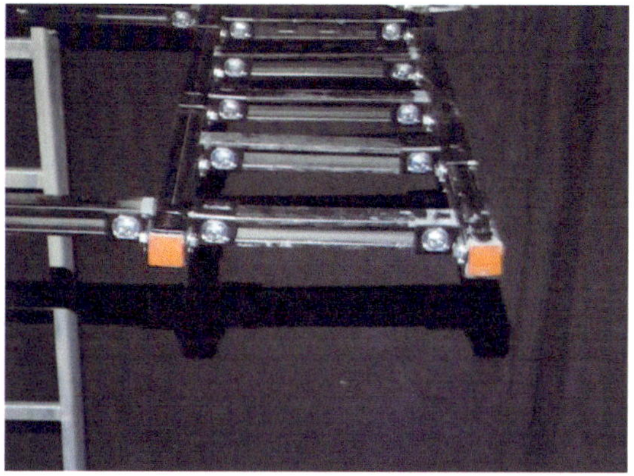

**图 4.0.9　安装端帽**

支吊架校正完成后，进行竖向槽钢底面端帽的安装

# 5 结构工程施工

## 5.1 蒸压加气混凝土砌块施工

| 序号 | 项目 | 主要控制要点 | 备注 |
| --- | --- | --- | --- |
| 5.1.1 | 测量弹线 | 将砌筑基层结构面的浮浆残渣清理干净并进行弹线，填充墙的边线、门窗洞口位置线，尽可能准确，偏差控制在规范允许范围内。轴线位移控制在 10 mm 以内 | |
| 5.1.2 | 砌筑坎台、排块摞底 | 蒸压加气混凝土砌块砌筑时，墙底部应砌混凝土普通砖或浇筑混凝土坎台，混凝土强度等级为 C20，砌筑或浇筑混凝土高度按设计要求并根据墙体砌块排列图进行高度的适当调整，以满足砌块紧贴排列模数要求；坎台完成后，在其上先试排砌块，并优先使用整体砌块，以确定实际砌筑排列 | |
| 5.1.3 | 立杆挂线 | 皮数杆立在填充墙的两端或转角处，并拉通线 | |
| 5.1.4 | 砌筑 | (1)蒸压加气混凝土砌块采用普通砌筑砂浆砌筑时，应在砌筑当天对砌块砌筑面进行喷水湿润，相对含水率控制在 40%～50%。<br>(2)施工过程中须断开砌块时，应使用手锯、切割机等工具锯裁整齐，并保护好砌块的棱角，锯裁砌块的长度不应小于砌块总长度的 1/3。长度小于 200 mm 的砌块不得上墙。上下皮灰缝应错开搭砌，搭砌长度不应小于砌块总长的 1/3。当搭砌长度小于 150 mm 时，即形成所谓的通缝，竖向通缝不应大于 2 皮砌块，否则应配 $\phi 4$ 钢筋网片或 $2\phi 6$ 钢筋，长度宜为 700 mm。<br>(3)蒸压加气混凝土砌体的竖向灰缝宽度和水平灰缝厚度不应大于 15 mm。灰缝应横平竖直、砂浆饱满，正、反手墙面均宜进行勾缝。砂浆的饱满度不得小于 95%。横向灰缝的一次铺灰长度不应大于 1 500 mm。 | |

续上表

| 序号 | 项目 | 主要控制要点 | 备注 |
|---|---|---|---|
| 5.1.4 | 砌筑 | (4)蒸压加气混凝土砌体填充墙与结构或构造柱连接的部位,按设计要求预埋 2$\phi$6 的拉结筋,拉结筋的竖向间距应为 500 mm,拉结筋的末端应做 40 mm 长 90°弯钩。<br>(5)砌块砌筑时应留设马牙槎,马牙槎宜先退后进,进退尺寸不小于 60 mm,高度为 400 mm。<br>(6)当墙高大于 4 m 时,应加设圈梁。圈梁根据门洞高度确定,圈梁兼做门洞过梁,当门洞洞口大于 1 200 mm 小于 3 600 mm 时,圈梁底部增加 HRB400 级 2$\phi$12 钢筋,长度为每边伸出洞口 500 mm;当门洞洞口大于 3 600 mm 时,圈梁底部增加 HRB400 级 2$\phi$14 钢筋,长度为每边伸出洞口 500 mm | |
| 5.1.5 | 塞缝 | 填充墙与承重主体结构间的空(缝)隙部位施工,应采用混凝土普通砖斜砌,斜砌角度控制在 60°左右 | |
| 5.1.6 | 门窗洞口预留 | 蒸压加气混凝土砌块填充墙砌体与后塞口门窗的连接:后塞口门窗与砌体间通过混凝土块与门窗框连接,具体可用膨胀螺栓与混凝土连接。沿竖向高度每边门框应均匀分布预埋 3 块 200 mm×200 mm×200 mm 混凝土块 | |
| 5.1.7 | 过梁设置 | 超过 300 mm 宽的墙体预留洞口上部,应设置钢筋混凝土过梁;小于 300 mm 宽洞在洞口上部设置 2$\phi$8 钢筋,每边伸出洞口 400 mm | |
| 5.1.8 | 其他要求 | (1)不同干密度和强度等级的加气混凝土块不应混砌。加气混凝土砌块也不得与其他砖、砌块混砌。但在墙底、墙顶及门窗洞口处局部采用混凝土实心和多孔砖砌筑不视为混砌。<br>(2)控制墙体的垂直度小于等于 10 mm,用检测靠尺检查;控制墙体的平整度小于等于 6 mm,用楔形尺检查;控制门窗洞口高、宽(后塞口)在±10 mm 内,用钢尺检查。控制砌块的水平及竖起灰缝饱满度大于等于 90%,采用百格网检查块体底面或侧面砂浆的黏结痕迹面积。<br>(3)加气混凝土填充墙砌体在转角处及纵横墙交接处,应同时砌筑,当不能同时施工时,应留成斜槎。砌体每天的砌筑高度不应超过 1 800 mm | |

蒸压加气混凝土砌块施工，如图 5.1.1～图 5.1.12 所示。

**图 5.1.1　测量弹线**

填充墙的边线、门窗洞口位置线偏差控制在规范允许的范围内，轴线位移控制在 10 mm 以内

**图 5.1.2　砌筑坎台、排块撂底**

砌筑或浇筑混凝土高度按设计要求并根据墙体砌块排列图进行高度的适当调整，以满足砌块紧贴排列模数要求

**图 5.1.3　立杆挂线**

皮数杆立在填充墙的两端或转角处，并拉通线

**图 5.1.4　砌筑-1**

应在砌筑当天对砌块砌筑面进行喷水湿润，相对含水率控制在 40％～50％

**图 5.1.5　砌筑-2**

锯裁砌块的长度不应小于砌块总长度的 1/3，长度小于 200 mm 的砌块不得上墙

**图 5.1.6　砌筑-3**

蒸压加气混凝土砌体的竖向灰缝宽度和水平灰缝厚度不应大于 15 mm

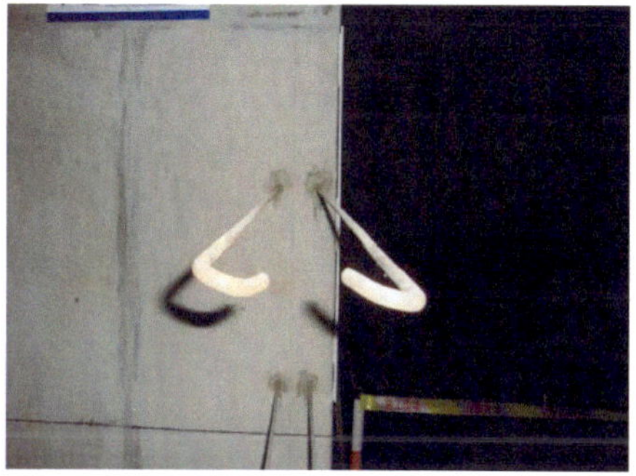

**图 5.1.7　砌筑-4**

拉结筋的竖向间距应为 500 mm，拉结筋的末端应做 40 mm 长 90°弯钩

**图 5.1.8　砌筑-5**

马牙槎宜先退后进，进退尺寸不小于 60 mm，高度为 400 mm

**图 5.1.9　塞缝**

填充墙与承重主体结构间的空(缝)隙部位施工，应采用混凝土普通砖斜砌，斜砌角度控制在 60°左右

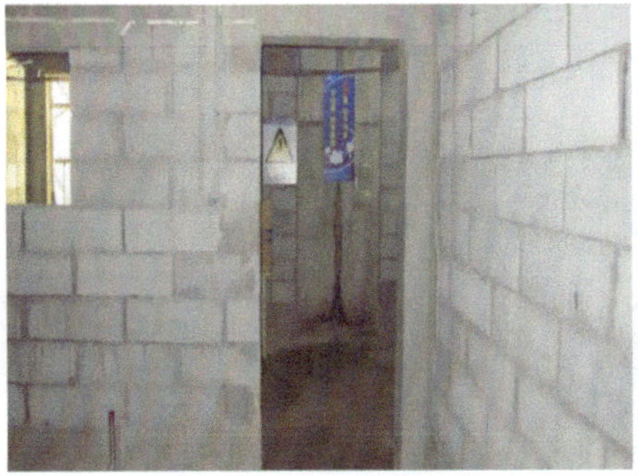

**图 5.1.10　门窗洞口预留**

沿竖向高度每边门框应均匀分布预埋 3 块 200 mm×200 mm×200 mm 混凝土块

**图 5.1.11　过梁设置**

超过 300 mm 宽的墙体预留洞口上部，应设置钢筋混凝土过梁

**图 5.1.12　其他要求**

控制墙体的垂直度偏差小于等于 10 mm，用检测靠尺检查

## 5.2 构造柱、圈梁钢筋绑扎施工

| 序号 | 项目 | 主要控制要点 | 备注 |
|---|---|---|---|
| 5.2.1 | 构造柱钢筋骨架 | (1)先将两根竖向受力筋平放在绑扎架上，画箍筋间距，间距为 200 mm。<br>(2)根据画线位置，将箍筋套在受力筋上逐个绑扎；要预留出搭接部位的长度。为防止骨架变形宜采用反十字扣或套扣绑扎。<br>(3)穿另二根受力筋并与箍筋绑扎牢固。箍筋端头平直长度不小于 $10d$($d$ 为箍筋直径)，弯钩角度不小于 135° | |
| 5.2.2 | 安装构造柱钢筋骨架 | 先将箍筋(搭接处的)套在搭接筋上，然后再将构造柱钢筋骨架立起，对正伸出的搭接筋，搭接长度不低于 $35d$($d$ 为钢筋直径)，骨架调正后绑根部箍筋 | |
| 5.2.3 | 圈梁与构造柱连接 | 构造柱钢筋必须与各层纵横墙的圈梁钢筋绑扎连接，形成一封闭框架 | |
| 5.2.4 | 设置构造柱拉结筋 | 沿墙高每 500 mm(即两皮砌块高度)设两根 $\phi$6 水平拉结筋与墙体连接，每边墙体 1 000 mm 长，并且在端部设置 40 mm 长 90°弯钩 | |
| 5.2.5 | 修整构造柱位置 | 将绑扎完的构造柱与结构顶及底部的植筋绑扎牢固，且在砌完砖墙之后，应对构造柱钢筋进行修整，以保证钢筋位置及间距的准确。封模之前对钢筋笼加水泥砂浆垫块以保证钢筋保护层的厚度 20 mm | |
| 5.2.6 | 绑扎圈梁钢筋、圈梁与构造柱钢筋连接 | 支完圈梁模板后，即可绑扎圈梁钢筋。在模内绑扎时，按设计图纸要求间距，在模板侧绑画箍筋位置，放箍筋后穿受力钢筋，绑扎箍筋。注意箍筋必须垂直受力钢筋，箍筋搭接处应沿受力钢筋互相错开。<br>圈梁和构造柱钢筋交叉处，圈梁钢筋宜放在构造柱受力钢筋内侧，圈梁钢筋搭接时，其搭接或锚固长度为 $35d$($d$ 为钢筋直径)。 | |

续上表

| 序号 | 项目 | 主要控制要点 | 备注 |
| --- | --- | --- | --- |
| 5.2.6 | 绑扎圈梁钢筋、圈梁与构造柱钢筋连接 | 圈梁钢筋的搭接长度:不少于 35$d$($d$ 为受力筋直径)。受力钢筋接头的位置应相互错开,绑扎接头时在规定的搭接长度任一区段内,有接头的受力钢筋截面面积占受力钢筋总截面面积的百分率不大于 50% | |
| 5.2.7 | 构造柱保护层 | 构造柱钢筋绑完后应加水泥砂浆垫块以保证钢筋保护层的厚度 20 mm | |
| 5.2.8 | 圈梁保护层 | 圈梁钢筋绑完后应加水泥砂浆垫块以保证钢筋保护层的厚度 20 mm | |
| 5.2.9 | 构造柱及圈梁钢筋允许偏差及检验方法 | 尺寸允许偏差及检验方法:骨架的宽度、高度允许偏差为±5 mm,用钢尺检查;骨架的长度允许偏差为±10 mm,用钢尺检查;受力钢筋间距允许偏差为±5 mm,用钢尺量连续三挡取其最大值;箍筋、构造筋间距允许偏差为±20 mm,用钢尺量连续三挡取其最大值;受力筋保护层允许偏差为±5 mm,用钢尺检查 | |

构造柱、圈梁钢筋绑扎，如图 5.2.1～图 5.2.8 所示。

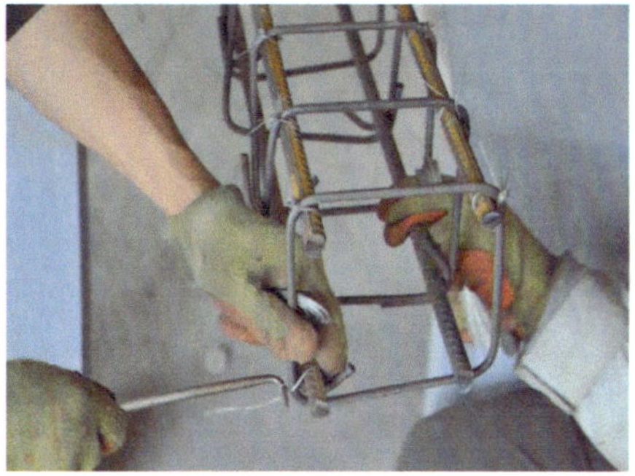

**图 5.2.1　构造柱钢筋骨架**

箍筋端头平直长度不小于 $10d$($d$ 为箍筋直径)，弯钩角度不小于 135°

**图 5.2.2　安装构造柱钢筋骨架**

对正伸出的搭接筋，注意搭接长度不低于 $35d$

**图 5.2.3　圈梁与构造柱连接**

构造柱钢筋必须与各层纵横墙的圈梁钢筋绑扎连接，形成一封闭框架

**图 5.2.4　设置构造柱拉结筋**

沿墙高每 500 mm 设两根 $\phi 6$ 水平拉结筋与墙体连接，每边墙体 1 000 mm长，并且在端部设置 40 mm 长 90°弯钩

**图 5.2.5　修整构造柱位置**

在砌完砖墙之后，应对构造柱钢筋进行修整，以保证钢筋位置及间距的准确

**图 5.2.6　绑扎圈梁钢筋、圈梁与构造柱钢筋连接**

箍筋必须垂直受力钢筋，箍筋搭接处应沿受力钢筋互相错开，圈梁钢筋搭接时，其搭接或锚固长度为 35$d$

**图 5.2.7　构造柱保护层**

构造柱钢筋绑完后应加水泥砂浆垫块以保证钢筋保护层的厚度 20 mm

**图 5.2.8　圈梁保护层**

圈梁钢筋绑完后应加水泥砂浆垫块以保证钢筋保护层的厚度 20 mm

## 5.3 构造柱和圈梁混凝土浇筑

| 序号 | 项目 | 主要控制要点 | 备注 |
| --- | --- | --- | --- |
| 5.3.1 | 配合比上墙 | 按配合比由专人进行配料，在搅拌地点设置混凝土配合比指示牌 | |
| 5.3.2 | 配料 | 混凝土配制应用磅秤计量，按配合比由专人进行配料，在搅拌地点设置混凝土配合比指示牌 | |
| 5.3.3 | 投料、搅拌、运送 | (1)混凝土正式搅拌前，搅拌机应先加水空转湿润后再进行加料搅拌，开始搅拌第一罐混凝土时，按配合比先加一半石子，以后各罐均按规定下料。加料程序是：一般先加石子，再倒水泥后倒砂子，最后加水。<br>(2)搅拌应使砂、石、水泥等完全拌和均匀，颜色一致为止。混凝土正常搅拌时间不低于 2 min，当施工条件为冬期施工时，搅拌时间应取常温搅拌时间的 1.5 倍，即一般情况下不小于 3 min。混凝土坍落度一般控制在 5～70 mm。<br>(3)混凝土搅拌后，及时用机动手推车运至现场浇灌地点。运送混凝土应防止离析或水泥流失。如有离析现象，应在浇筑前进行二次搅拌或拌和。混凝土从搅拌机中卸出后到浇筑完毕的延续时间，当混凝土强度等级为 C30 及以下，气温高于 25 ℃时不得大于 90 min；C30 以上时不得大于 60 min | |
| 5.3.4 | 构造柱浇筑 | 构造柱在浇筑前，宜先灌 50～100 mm 厚减半石子混凝土。浇灌方法：将混凝土卸在铁盘上，再用铁锹或小提斗灌入模内。浇灌混凝土构造柱时，先将振捣棒插入柱底根部，使其振动，再灌入混凝土。应分层浇灌振捣，每层厚度不超过 500 mm，边下料边振捣，连续作业浇灌到顶，并且木抹子压实填平 | |
| 5.3.5 | 圈梁浇筑 | 圈梁混凝土应分段浇筑，由一端开始向另一端进行，用赶浆法成阶梯形向前推进，与一段合龙。一般成斜向分层浇灌，分层用插入式振捣棒与混凝土面成斜角斜向插入振捣，直至上表面泛浆，用木抹子压实、抹平，表面不得有松散混凝土 | |

续上表

| 序号 | 项目 | 主要控制要点 | 备注 |
|---|---|---|---|
| 5.3.6 | 养护 | 混凝土浇灌12 h以内，应对混凝土加以覆盖并浇水养护。常温时每日洒水养护两次，养护时间不得少于7 d | |
| 5.3.7 | 质量要求 | 混凝土应振捣密实，纵向受力钢筋不应有露筋现象，构造柱主要受力部位不应有蜂窝、孔洞、夹渣、疏松、裂缝现象，连接部位不应有影响结构传力性能的缺陷现象，不宜出现小的蜂窝、麻面等一般缺陷现象 | |
| 5.3.8 | 允许偏差及检验方法 | 轴线位移允许偏差10 mm，尺量检查；截面尺寸允许偏差－5～＋8 mm，尺量检查；垂直度允许偏差8 mm，用2 m托线板检查；表面平整度允许偏差8 mm，用2 m靠尺和楔形尺检查；预埋件中心线偏移允许偏差10 mm，尺量检查 | |

构造柱、圈梁混凝土浇筑，如图 5.3.1～图 5.3.6 所示。

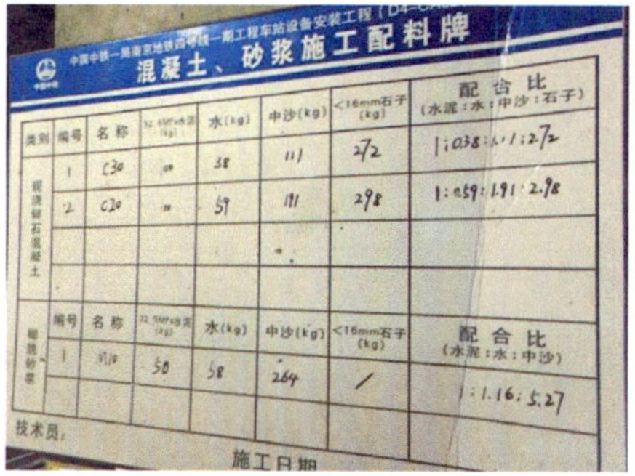


**图 5.3.1　配合比上墙**

按配合比由专人进行配料，在搅拌地点设置混凝土配合比指示牌

**图 5.3.2　配料**

混凝土配制应用磅秤计量

**图 5.3.3　投料、搅拌、运送**

搅拌应使砂、石、水泥等完全拌和均匀，颜色一致为止。混凝土正常搅拌时间不低于 2 min

**图 5.3.4　构造柱浇筑**

浇灌混凝土构造柱时，先将振捣棒插入柱底根部，使其振动，再灌入混凝土

**图 5.3.5 圈梁浇筑**

分层用插入式振捣棒与混凝土面成斜角斜向插入振捣，直至上表面泛浆，用木抹子压实、抹平，表面不得有松散混凝土

**图 5.3.6 养护**

混凝土浇灌 12 h 以内，应对混凝土加以覆盖并浇水养护。常温时每日洒水养护两次，养护时间不得少于 7 d

# 6 设备区装修工程施工

## 6.1 墙体抹灰施工

| 序号 | 项目 | 主要控制要点 | 备注 |
|---|---|---|---|
| 6.1.1 | 基层清理 | (1)砖砌体:应清除表面杂物,残留灰浆、舌头灰、尘土等。<br>(2)混凝土基体:表面凿毛或在表面洒水润湿后涂刷1∶1水泥砂浆(加适量胶黏剂或界面剂)。<br>(3)加气混凝土基体:应在湿润后边涂刷界面剂,边抹砂浆 | |
| 6.1.2 | 浇水湿润 | 一般在抹灰前一天,用软管或胶皮管或喷壶顺墙自上而下浇水湿润,每天宜浇两次 | |
| 6.1.3 | 做灰饼 | 根据设计图纸要求的抹灰质量,根据基层表面平整垂直情况,用一面墙做基准,吊垂直、套方、找规矩,确定抹灰厚度,抹灰厚度不应小于7 mm。当墙面凹度较大时应分层衬平。每层厚度不大于7～9 mm。操作时应先抹上灰饼,再抹下灰饼。抹灰饼时应根据室内抹灰要求,确定灰饼的正确位置,再用靠尺板找好垂直与平整。灰饼宜用1∶3水泥砂浆抹成5 cm见方形状。房间面积较大时应先在地上弹出十字中心线,然后按基层面平整度弹出墙角线,随后在距墙阴角100 mm处吊垂线并弹出铅垂线,再按地上弹出的墙角线往墙上翻引弹出阴角两面墙上的墙面抹灰层厚度控制线,以此做灰饼 | |
| 6.1.4 | 做护角 | 墙、柱间的阳角应在墙、柱面抹灰前用1∶2水泥砂浆做护角,其高度自地面以上2 000 mm。第一步在阳角正面立上八字靠尺,靠尺突出阳角侧面,突出厚度与成活抹灰面平。然后在阳角侧面,依靠尺边抹水泥砂浆,并用铁抹子将其抹平,按护角宽度(不小于50 mm)将多余的水泥 | |

续上表

| 序号 | 项目 | 主要控制要点 | 备注 |
|---|---|---|---|
| 6.1.4 | 做护角 | 砂浆铲除。第二步待水泥砂浆稍干后，将八字靠尺移至抹好的护角面上（八字坡向外）。在阳角的正面，依靠尺边抹水泥砂浆，并用铁抹子将其抹平，按护角宽度将多余的水泥砂浆铲除。抹完后去掉八字靠尺，用素水泥浆涂刷护角尖角处，并用捋角器自上而下捋一遍，使其形成钝角 | |
| 6.1.5 | 抹底灰 | 抹前应先抹一层薄灰，要求将基体抹严，抹时用力压实使砂浆挤入细小缝隙内，接着分层装挡、抹与灰饼平，用木杠刮找平整，用木抹子搓毛。然后全面检查底子灰是否平整，阴阳角是否方直、整洁，管道后与阴角交接处、墙顶板交接处是否光滑平整、顺直，并用托线板检查墙面垂直与平整情况 | |
| 6.1.6 | 抹罩面灰 | 应在底灰六七成干时开始抹罩面灰（抹时如底灰过干应浇水湿润），罩面灰两遍成活，厚度约2 mm，操作时最好两人同时配合进行，一人先刮一遍薄灰，另一人随即抹平。依先上后下的顺序进行，然后赶实压光，压时要掌握火候，既要压光，也不要出现水纹，压好后随即用毛刷蘸水将罩面灰污染处清理干净。施工时整面墙不宜甩破活，如遇有预留施工洞时，可甩下整面墙待施工洞封堵后抹灰 | |
| 6.1.7 | 质量要求 | 普通抹灰表面应光滑、洁净，接槎平整，分格缝应清晰；护角、孔洞、槽、盒周围的抹灰应整齐、光滑，管道后面抹灰表面平整；抹灰总厚度应符合设计要求，水泥砂浆不得抹在石灰砍浆上，罩面石膏灰不得抹在水泥砂浆层上 | |
| 6.1.8 | 尺寸偏差及检验方法 | 立面垂直度，允许偏差4 mm，用2 m垂直检测尺检查；表面平整度，允许偏差4 mm，用2 m靠尺及塞尺检查；阴阳角方正，允许偏差4 mm，用直角检测尺检查；分割条（缝）直线度，允许偏差4 mm，拉5 m线，不足5m拉通线，用钢直尺检查；墙裙、勒角上口直线度，允许偏差4 mm，拉5 m线，不足5 m拉通线，用钢直尺检查 | |

墙体抹灰工程，如图 6.1.1～图 6.1.6 所示。

**图 6.1.1 基层处理**

应清除表面杂物，残留灰浆、舌头灰、尘土，在表面洒水润湿后涂刷 1∶1 水泥砂浆(加适量胶黏剂或界面剂)

**图 6.1.2 浇水湿润**

在抹灰前一天，用软管或胶皮管或喷壶顺墙自上而下浇水湿润，每天宜浇两次

**图 6.1.3 做灰饼**

灰饼宜用 1∶3 水泥砂浆抹成 5 cm 见方形状

**图 6.1.4 做护角**

墙、柱间的阳角应在墙、柱面抹灰前用 1∶2 水泥砂浆做护角，其高度自地面以上 2 m

**图 6.1.5　抹底灰**

抹前应先抹一层薄灰，要求将基体抹严

**图 6.1.6　抹罩面灰**

应在底灰六七成干时开始抹罩面灰

## 6.2 混凝土垫层施工

| 序号 | 项目 | 主要控制要点 | 备注 |
|---|---|---|---|
| 6.2.1 | 基层处理 | 把粘在基层上的浮浆、落地灰等用钢丝刷清理掉，再用扫帚将浮土清扫干净 | |
| 6.2.2 | 找标高 | 根据设计厚度，在四周墙、柱上弹出垫层的标高控制线。按线拉水平线抹找平墩(60 mm×60 mm见方，与垫层完成面同高，用豆石混凝土)，间距双向不大于2 m。有坡度要求的房间应按设计坡度要求拉线，抹出坡度墩 | |
| 6.2.3 | 搅拌 | (1)混凝土的配合比应根据设计要求通过试验确定。<br>(2)投料必须严格过磅，精确控制配合比。每盘投料顺序为石子→水泥→砂→水。应严格控制用水量，搅拌要均匀，搅拌时间不少于 90 s | |
| 6.2.4 | 铺设 | 铺设前应将基底湿润，并在基底上刷一道素水泥浆或界面结合剂，随涂刷随铺混凝土，将搅拌均匀的混凝土，从房间内退着往外铺设 | |
| 6.2.5 | 振捣 | 用铁锹铺混凝土，厚度略高于找平墩，随即用平板振捣器振捣 | |
| 6.2.6 | 找平 | 混凝土振捣密实后，以墙柱上的水平控制线和找平墩为标志，检查平整度，高的铲掉，凹处补平。用水平刮杠刮平，然后表面用木抹子搓平。有坡度要求的，应按设计要求的坡度做 | |
| 6.2.7 | 养护 | 应在施工完成后 12 h 左右覆盖和洒水养护，严禁上人，一般养护期不得少于 7 d | |
| 6.2.8 | 尺寸偏差及检验方法 | 表面平整度，允许偏差 10 mm，用 2 m 靠尺及塞尺检查；标高允许偏差±10 mm，用水准仪检查；坡度允许偏差不应大于房间尺寸的 2/1 000，且不大于 30 mm，用水准仪检查 | |

混凝土垫层施工工程，如图 6.2.1～图 6.2.7 所示。

**图 6.2.1　基层处理**

把粘在基层上的浮浆、落地灰等用钢丝刷清理掉，再用扫帚将浮土清扫干净

**图 6.2.2　找标高**

根据设计厚度，在四周墙、柱上弹出垫层的标高控制线

**图 6.2.3　搅拌**

混凝土的配合比应根据设计要求通过试验确定

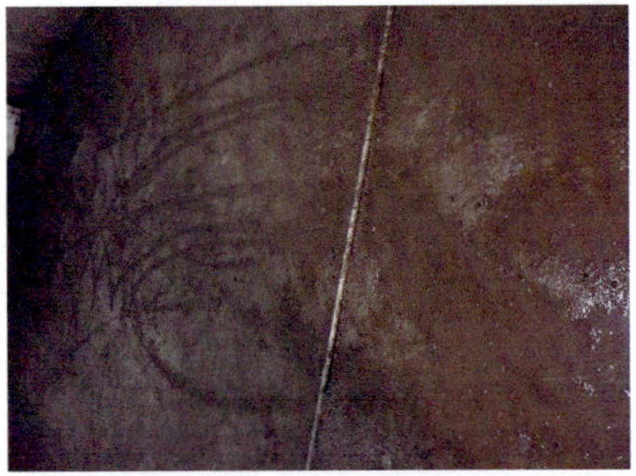

**图 6.2.4　铺设**

铺设前应将基底湿润，并在基底上刷一道素水泥浆或界面结合剂

**图 6.2.5　振捣**

用铁锹铺混凝土，厚度略高于找平墩，随即用平板振捣器振捣

**图 6.2.6　找平**

混凝土振捣密实后，以墙柱上的水平控制线和找平墩为标志，检查平整度，高的铲掉，凹处补平

**图 6.2.7　养护**

应在施工完成后 12 h 左右覆盖和洒水养护，严禁上人，一般养护期不得少于 7 d

## 6.3 铝合金方板天花施工

| 序号 | 项目 | 主要控制要点 | 备注 |
| --- | --- | --- | --- |
| 6.3.1 | 弹线 | 用水准仪在房间内每个墙(柱)角上抄出水平点(若墙体较长，中间也应适当抄几个点)，弹出水准线(水准线距地面一般为 500 mm)，从水准线量至吊顶设计高度加上金属板的厚度和折边的高度，用墨斗线沿墙(柱)弹出水准线，即为吊顶次龙骨的下皮线，同时按吊顶平面图，在混凝土顶板弹出主龙骨的位置。主龙骨应从吊顶中心向两边分，最大间距为 1 200 mm，若因设备管线原因，天花吊杆无条件与结构板连接固定的，应增设转换吊架引接天花吊杆，具体位置与数量根据现场情况确定。设备原则上独立吊挂，不与天花龙骨共用同一吊杆 | |
| 6.3.2 | 固定吊挂杆件 | 采用膨胀螺栓固定吊挂杆件。上人的吊顶，吊杆采用 $\phi$10 的通丝吊杆，连接固定方式为：<br>①50×25×2 的乙型副龙骨，用 6 mm 不锈钢螺栓连接于主龙骨；<br>②40×20×2 的 U 形主龙骨固定于专用挂件；<br>③专用挂件固定不锈钢螺帽固定于 10 mm 通丝吊杆上；<br>④10 mm 通丝吊杆与五件套固定于天花结构板 | |
| 6.3.3 | 安装边龙骨 | 边龙骨的安装应按设计要求弹线，沿墙(柱)上的水平龙骨线把 L 形镀锌轻钢条用自攻螺丝固定在预埋木砖上，如为混凝土墙(柱)上可用射钉固定，射钉间距应不大于吊顶次龙骨的间距。如罩面板是固定的单铝板或铝塑板可以用密封胶直接收边，也可以加阴角进行修饰 | |
| 6.3.4 | 安装主龙骨 | 主龙骨应吊挂在吊杆上。主龙骨间不大于 1 200 mm，主龙骨为上人龙骨。主龙骨一般宜平行房间长向安装，同时应起拱，起拱高度为房间跨度的 1/200～1/300。主龙骨的悬臂段不应大于 300 mm，否则应增加吊杆。主龙骨的接长应采取对接，相邻龙骨的对接接头要相互错开。主龙骨挂好后应基本调平 | |

续上表

| 序号 | 项目 | 主要控制要点 | 备注 |
|---|---|---|---|
| 6.3.5 | 安装次龙骨 | 次龙骨间距根据设计要求施工。可以用型钢或方铝管做主龙骨，与吊杆直接焊接或螺栓连接，条形或方形的金属罩面板的次龙骨，应使用专用次龙骨，与主龙骨直接连接。用T形镀锌铁片连接件把次龙骨固定在主龙骨上时，次龙骨的两端应搭在L形边龙骨的水平翼缘上。在通风、水电等洞口周围应设附加龙骨，附加龙骨的连接用拉铆钉铆固 | |
| 6.3.6 | 罩面板安装 | 金属方扣板安装：方板吊顶次龙骨分明装T形和暗装卡口两种，可根据金属方板式样选定；次龙骨与主龙骨间用固定件连接。金属板吊顶与四周墙面所留空隙，用金属压条与吊顶找齐，金属压缝条的材质宜与金属板面相同。饰面板上的灯具、烟感器、喷淋头、风口篦子等设备的位置应合理、美观，与饰面的交接应吻合、严密 | |
| 6.3.7 | 质量要求 | (1)吊杆距主龙骨端部距离不得大于300 mm，当大于300 mm时，应增加吊杆。当吊杆长度大于1.5 m时，应设置反支撑。当吊杆与设备相遇时，应调整并增设吊杆。<br>(2)吊杆标高、尺寸、起拱和造型应符合设计要求。<br>(3)饰面材料的材质、品种、规格、图案和颜色应符合设计要求。<br>(4)龙骨吊顶工程的吊杆、龙骨和饰面材料的安装必须牢固。<br>(5)吊杆、龙骨的材质、规格、安装间距及连接方式应符合设计要求。金属吊杆、龙骨应经过表面防腐处理。<br>(6)饰面材料表面应洁净、色泽一致，不得有翘曲、裂缝及缺损。压条应平直、宽窄一致。<br>(7)饰面板上的灯具、烟感器、喷淋头、风口篦子等的位置应合理美观，与饰面板的交接应吻合、严密。<br>(8)金属吊杆、龙骨的接缝应均匀一致，角缝应吻合，表面应平整，无翘曲、锤印 | |
| 6.3.8 | 尺寸偏差及检验方法 | 表面平整度，允许偏差2 mm，用2 m靠尺及塞尺检查；接缝直线度，允许偏差1.5 mm，拉5 m线，不足5 m拉通线，用钢直尺检查；接缝高低差，允许偏差1 mm，用钢直尺和塞尺检查 | |

铝合金方板天花工程，如图 6.3.1～图 6.3.6 所示。

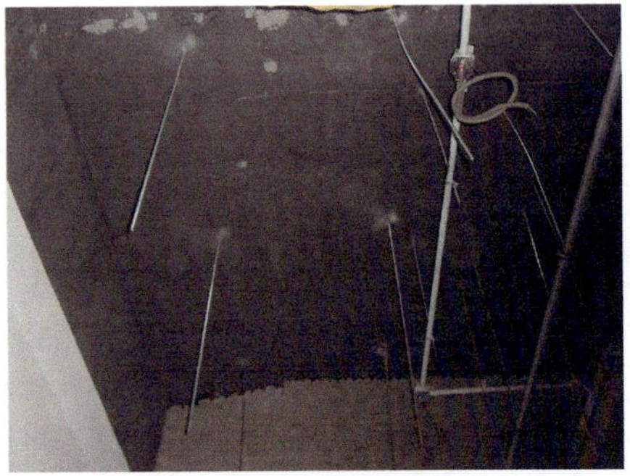

**图 6.3.1　弹线**

用水准仪在房间内每个墙(柱)角上抄出水平点，弹出水平线

**图 6.3.2　固定吊挂杆件**

采用膨胀螺栓固定吊挂杆件

**图 6.3.3　安装边龙骨**

边龙骨的安装应按设计要求弹线，沿墙(柱)上的水平龙骨线把 L 形镀锌轻钢条用自攻螺丝固定在预埋木砖上

**图 6.3.4　安装主龙骨**

主龙骨应吊挂在吊杆上

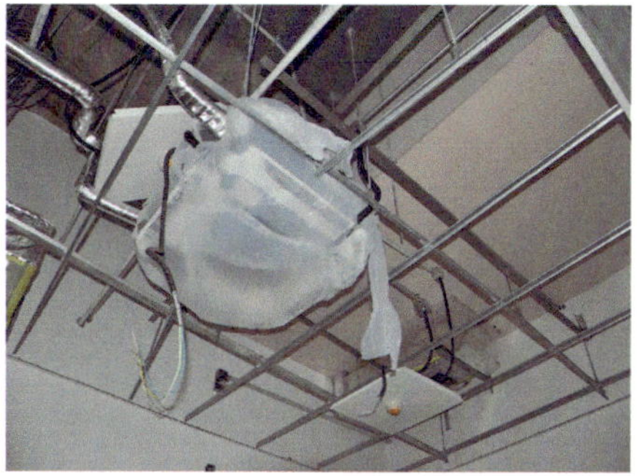

**图 6.3.5　安装次龙骨**

次龙骨间距根据设计要求施工

**图 6.3.6　罩面板安装**

次龙骨与主龙骨间用固定件连接

## 6.4 室内贴面砖施工

| 序号 | 项目 | 主要控制要点 | 备注 |
|---|---|---|---|
| 6.4.1 | 基层处理 | 抹灰前,墙面必须清扫干净,喷水湿润 | |
| 6.4.2 | 做灰饼 | 灰饼宜用 1∶3 水泥砂浆抹成 5 cm 见方形状。房间面积较大时应先在地上弹出十字中心线,然后按基层面平整度弹出墙角线,随后在距墙阴角 100 mm 处吊垂线并弹出铅垂线,再按地上弹出的墙角线往墙上翻引弹出阴角两面墙上的墙面抹灰层厚度控制线,以此做灰饼 | |
| 6.4.3 | 抹底层砂浆 | 用界面剂将墙面甩毛;6 mm 厚 1∶1∶6 水泥石灰膏砂浆打底随即抹平搓毛;6 mm 厚 1∶0.5∶2.5水泥石灰膏砂浆分层压实抹平 | |
| 6.4.4 | 弹线分格 | 待底层灰六七成干时,按图纸要求,结合釉面砖规格及实际条件进行排砖、弹线 | |
| 6.4.5 | 排砖 | 根据大样图及墙面尺寸进行横竖向排砖,以保证面砖缝隙均匀,符合设计图纸要求,注意大墙面、柱子和垛子要排整砖,以及在同一墙面上的横竖排列,均不得有小于 1/4 砖的非整砖。非整砖应排在次要部位,如窗间墙或阴角处等。但亦注意一致和对称。如遇有突出的卡件,应用整砖套割吻合,不得用非整砖随意拼凑镶贴 | |
| 6.4.6 | 镶贴面砖 | 粘贴面砖:粘贴应自下而上进行。抹 8 mm 厚 1∶0.1∶2.5 水泥砂浆结合层,要刮平,随抹自上而下粘贴面砖,要求砂浆饱满,亏灰时,取下重贴,并随时用靠尺检查平整度,同时保证缝隙宽度一致。若是施工卫生间及茶水间,应在做结合层之前先做一道 1.5 mm 厚聚氨酯防水层 | |
| 6.4.7 | 面砖勾缝与擦缝 | 贴完经自检无空鼓、不平、不直后,用棉丝擦干净,用白色擦缝剂擦缝,用布将缝的素浆擦匀,砖面擦净 | |

续上表

| 序号 | 项目 | 主要控制要点 | 备注 |
| --- | --- | --- | --- |
| 6.4.8 | 质量要求 | 饰面砖的品种、规格、颜色、图案和性能必须符合设计要求；饰面砖粘贴工程的找平、防水、黏结和勾缝材料及施工方法应符合设计要求、国家现行产品标准、工程技术标准及国家环保污染控制等规定；饰面砖镶贴必须牢固；满粘法施工的饰面砖工程应无空鼓、裂缝；饰面砖表面应平整、洁净、色泽一致，无裂痕和缺陷；阴阳角处搭接方式、非整砖使用部位应符合设计要求；墙面突出物周围的饰面砖应整砖套割吻合，边缘应整齐。墙裙、贴脸突出墙面的厚度应一致；饰面砖接缝应平直、光滑，填嵌应连续、密实；宽度和深度应符合设计要求 | |
| 6.4.9 | 尺寸偏差及检验方法 | 立面垂直度，允许偏差 2 mm，用 2 m 垂直检测尺检查；表面平整度，允许偏差 3 mm，用 2 m 靠尺及塞尺检查；阴阳角方正，允许偏差 3 mm，用直角检测尺检查；接缝直线度，允许偏差 2 mm拉 5 m 线，不足 5 m 拉通线，用钢直尺检查；接缝高低差，允许偏差 0.5 mm，用钢直尺和塞尺检查；接缝宽度，允许偏差 1 mm，用钢直尺检查 | |

室内贴面砖工程，如图 6.4.1～图 6.4.7 所示。

**图 6.4.1　基层处理**

抹灰前，墙面必须清扫干净，喷水湿润

**图 6.4.2　贴灰饼**

灰饼宜用 1∶3 水泥砂浆抹成 5 cm 见方形状

**图 6.4.3　抹底层砂浆**

专用界面剂一道，甩毛，6 厚 1∶1∶6 水泥石灰膏砂浆打底随即抹平搓毛

**图 6.4.4　弹线分格**

待底层灰六七成干时，按图纸要求，釉面砖规格及结合实际条件进行排砖、弹线

**图 6.4.5　排砖**

根据大样图及墙面尺寸进行横竖向排砖，以保证面砖缝隙均匀

**图 6.4.6　镶贴面砖**

粘贴面砖：粘贴应自下而上进行

**图 6.4.7　面砖勾缝与擦缝**

贴完经自检无空鼓、不平、不直后，用棉丝擦干净，用白色擦缝剂擦缝，用布将缝的素浆擦匀，砖面擦净

## 6.5 墙面涂料施工

| 序号 | 项目 | 主要控制要点 | 备注 |
| --- | --- | --- | --- |
| 6.5.1 | 基层处理 | 将墙面上的灰渣等杂物清理干净,用笤帚将墙面浮土等扫净 | |
| 6.5.2 | 修补腻子 | 用石膏腻子将墙面、门窗口角等磕碰破损处、麻面、风裂、接槎缝隙等分别找平补好,干燥后用砂纸将凸出处磨平 | |
| 6.5.3 | 第一遍满刮腻子 | 满刮遍腻子干燥后,用砂纸将腻子残渣、斑迹等打磨平、磨光,然后将墙面清扫干净,腻子配合比为聚醋酸乙烯乳液(即白乳胶)∶滑石粉或大白粉∶2%羧甲基纤维素溶液=1∶5∶35(重量比)。以上为适用于室内的腻子;如厨房、厕所、浴室等应采用室外工程的乳胶防水腻子,这种腻子耐水性能较好。其配合比为聚醋酸乙烯乳液(即白乳胶)∶水泥∶水=1∶5∶1(重量比) | |
| 6.5.4 | 第二遍腻子 | 涂刷高级涂料要满刮第二遍腻子。腻子配合比和操作方法同第一遍腻子。待腻子干透后个别地方再复补腻子,个别大的孔洞可复补腻子,彻底干透后,用1号砂纸打磨平整,清扫干净 | |
| 6.5.5 | 涂刷第一遍油漆涂料 | 涂漆的稠度以盖底、不流淌、不显刷痕为宜,涂饰每面墙面的顺序应从上而下,从左到右,不得乱涂刷,以防漏涂或涂刷过厚,涂刷不均匀等。第一遍涂料干燥后个别缺陷或漏刮腻子处要复补,待腻子干透后打磨砂纸,把小疙瘩、腻子渣、斑迹等磨平、磨光、并清扫干净 | |
| 6.5.6 | 涂刷第二遍涂料 | 补腻子磨砂纸后,第二遍涂刷操作方法同第一遍涂料,待涂料干燥后,可用较细的砂纸把墙面打磨光滑,清扫干净,同时用潮布将墙面擦抹一遍 | |
| 6.5.7 | 涂刷第三遍涂料 | 砂纸打磨后,用调和漆涂刷,其涂刷顺序同上。由于调和漆黏度较大,涂刷时应多刷多理,以达到涂膜饱满、厚度均匀一致、不流不坠 | |

续上表

| 序号 | 项目 | 主要控制要点 | 备注 |
| --- | --- | --- | --- |
| 6.5.8 | 质量要求 | 溶剂型涂料涂饰工程所选用涂料的品种、型号和性能应符合设计要求；溶剂型涂料涂饰工程的颜色、光泽、图案应符合设计要求；溶剂型涂料涂饰工程应涂饰均匀、黏结牢固，不得漏刷、透底、起皮和反锈；新建筑物的混凝土或抹灰基层在涂饰前应刷抗碱封闭底漆 | |
| 6.5.9 | 尺寸偏差及检验方法 | 观察颜色及光泽是否均匀一致，不允许有明显刷纹、裹棱、流坠、皱皮等现象，用钢直尺或通线检查装饰、分色线是否顺直 | |

墙面涂料工程，如图 6.5.1～图 6.5.7 所示。

**图 6.5.1　基层处理**

将墙面上的灰渣等杂物清理干净，用笤帚将墙面浮土等扫净

**图 6.5.2　修补腻子**

用石膏腻子将墙面、门窗口角等磕碰破损处、麻面、风裂、接槎缝隙等分别找平补好

**图 6.5.3　第一遍腻子**

满刮遍腻子干燥后，刮第一遍腻子

**图 6.5.4　第二遍腻子**

用砂纸将第一遍腻子打磨平整后，刮第二遍腻子，待干燥后，使用砂纸再次打磨

**图 6.5.5　涂刷第一遍油漆涂料**

涂漆的稠度以盖底、不流淌、不显刷痕为宜，涂饰每面墙面的顺序应从上而下，从左到右，不得乱涂刷

**图 6.5.6　涂刷第二遍涂料**

修补腻子用砂纸打磨后，第二遍涂刷操作方法同第一遍涂料

**图 6.5.7　涂刷第三遍涂料**

用调和漆涂刷，其涂刷顺序同上

## 6.6 水泥砂浆地面施工

| 序号 | 项目 | 主要控制要点 | 备注 |
|---|---|---|---|
| 6.6.1 | 基层处理 | 把粘在基层上的浮浆、落地灰等用钢丝刷清理掉，再用扫帚将浮土清扫干净，应在抹灰的前一天洒水湿润后，刷素水泥浆或界面处理剂，随刷随铺设砂浆，避免间隔时间过长风干形成空鼓 | |
| 6.6.2 | 找标高 | 根据设计厚度，在四周墙、柱上弹出面层的上平标高控制线 | |
| 6.6.3 | 搅拌、铺设 | 投料必须严格过磅，精确控制配合比。应严格控制用水量，搅拌要均匀。砂浆的稠度不应大于 35 mm。<br>铺设前应将基底湿润，并在基底上刷一道素水泥浆或界面结合剂，将搅拌均匀的砂浆，从房间内退着向外铺设 | |
| 6.6.4 | 搓平 | 使用尺杆将砂浆刮平后，立即用木抹子搓至平整，并随时用 2 m 靠尺检查平整度 | |
| 6.6.5 | 第一遍抹压 | 在搓平后，立即用铁抹子轻轻抹压一遍直到出浆为止，面层均匀，与基层结合紧密牢固 | |
| 6.6.6 | 第二遍抹压 | 当面层砂浆初凝后(上人有脚印但不下陷)，用铁抹子把凹坑、砂眼填实抹平，注意不得漏压，以消除表面气泡，孔隙等缺陷 | |
| 6.6.7 | 养护 | 应在施工完成后 24 h 左右覆盖和洒水养护，每天不少于 2 次，严禁上人，养护期不得少于 7 d | |

水泥砂浆地面工程，如图 6.6.1～图 6.6.7 所示。

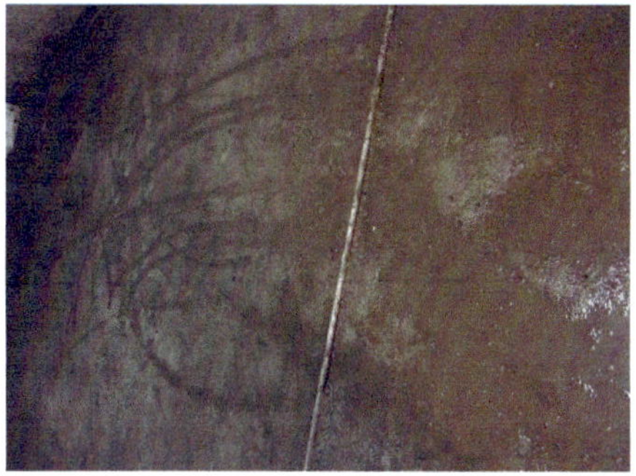

**图 6.6.1　基层处理**

把粘在基层上的浮浆、落地灰等用钢丝刷清理掉

**图 6.6.2　找标高**

根据设计厚度，在四周墙、柱上弹出＋100 cm 控制线

**图 6.6.3　搅拌、铺设**

投料必须严格过磅，精确控制配合比，将搅拌均匀的砂浆，从房间内退着向外铺设

**图 6.6.4　搓平**

用大杠依标高将砂浆刮平，立即用木抹子搓平

**图 6.6.5　第一遍抹压**

在搓平后，立即用铁抹子轻轻抹压一遍直到出浆为止

**图 6.6.6　第二遍抹压**

当面层砂浆初凝后（上人有脚印但不下陷），用铁抹子把凹坑、砂眼填实抹平

**图 6.6.7　养护**

应在施工完成后 24 h 左右覆盖和洒水养护，每天不少于 2 次，严禁上人，养护期不得少于 7 d

## 6.7 地砖面层施工

| 序号 | 项目 | 主要控制要点 | 备注 |
|---|---|---|---|
| 6.7.1 | 基层处理 | 把粘在基层上的浮浆、落地灰等用钢丝刷清理掉，再用扫帚将浮土清扫干净 | |
| 6.7.2 | 找标高 | 根据水平标准线和设计厚度，在四周墙、柱上弹出+100 cm 控制线 | |
| 6.7.3 | 排砖 | 将房间依照砖的尺寸、留缝大小，排出砖的放置位置，并在基层地面弹出十字控制线和分格线。排砖应符合设计要求，当设计无要求时，宜避免出现板块小于 1/4 边长的边角料 | |
| 6.7.4 | 铺设结合层砂浆 | 铺设前应将基底湿润，并在基底上刷一道素水泥浆或界面结合剂，随刷随铺设搅拌均匀的干硬性水泥砂浆。若是施工卫生间及茶水间，应在做结合层之前先做一道 1.5 mm 厚聚氨酯防水层 | |
| 6.7.5 | 铺砖 | 将砖放置在干拌料上，用橡皮锤找平，之后将砖拿起，在干拌料上浇适量素水泥浆，同时在砖背面涂厚度约 1 mm 的素水泥膏，再将砖放置在找过平的干拌料上，用橡皮锤按标高控制线和方正控制线坐平坐正。铺砖时应先在房间中间按照十字线铺设十字控制砖，之后按照十字控制砖向四周铺设，并随时用 2 m 靠尺和水平尺检查平整度。大面积铺贴时应分段、分部位铺贴。如设计有图案要求时，应按照设计图案弹出准确分格线，并做好标记，防止差错 | |
| 6.7.6 | 养护 | 当砖面层铺贴完 24 h 内应开始浇水养护，养护时间不得小于 7 d | |
| 6.7.7 | 勾缝 | 当砖面层的强度达到可上人时，进行勾缝，用同种、同强度等级、同色的水泥膏或 1∶1 水泥砂浆，要求缝清晰、顺直、平整、光滑、深浅一致，缝应低于砖面 0.5～1 mm | |

地砖面层工程，如图 6.7.1～图 6.7.7 所示。

**图 6.7.1 基层处理**

把粘在基层上的浮浆、落地灰等用钢丝刷清理掉，再用扫帚将浮土清扫干净

**图 6.7.2 找标高**

根据水平标准线和设计厚度，在四周墙、柱上弹出＋100 cm 线

**图 6.7.3 排砖**

将房间依照砖的尺寸、留缝大小，排出砖的放置位置

**图 6.7.4 铺设结合层砂浆**

铺设前应将基底湿润，并在基底上刷一道素水泥浆或界面结合剂

**图 6.7.5　铺砖**

将砖放置在干拌料上，用橡皮锤找平

**图 6.7.6　养护**

当砖面层铺贴完 24 h 内应开始浇水养护，养护时间不得小于 7 d

**图 6.7.7　勾缝**

当砖面层的强度达到可上人时，进行勾缝

## 6.8 防静电地板施工

| 序号 | 项目 | 主要控制要点 | 备注 |
|---|---|---|---|
| 6.8.1 | 基层处理 | 把粘在基层上的浮浆、落地灰等用钢丝刷清理掉，再用扫帚将浮土清扫干净 | |
| 6.8.2 | 水泥砂浆找平 | 刷素水泥浆结合层一道，铺设 30 mm 厚 1：2.5 水泥砂浆，赶实压光，进行找平 | |
| 6.8.3 | 刷过氯乙烯绝缘漆 | 找平砂浆彻底干后，施工过氯乙烯绝缘漆 | |
| 6.8.4 | 找中套方、分格弹线 | 首先量测房间的长、宽尺寸，在地面弹出中心十字控制线；依照活动地板的尺寸，排出活动地板的放置位置，并在地面弹出分格线，分格线的交叉点即为支座位置，分格线即横梁的位置；在墙面上弹出活动地板面层的横梁组件标高控制线和完成面标高控制线 | |
| 6.8.5 | 安装支座和横梁组件 | 按照分格线的位置，安放支座和横梁，并调整支座螺杆，使横梁与标高控制线同高且水平。待所有支座和横梁均安装完毕构成一体后，用水平仪再整体抄平一次。支座与基层面之间的空隙应灌注环氧树脂，应连接牢固。亦可按设计要求的方法固定 | |
| 6.8.6 | 铺静电地板 | 铺静电地板时应根据房间内的具体情况选择铺设方向。当无设备或留洞且模数相符时，宜由里向外铺，当无设备或留洞但模数不相符时，宜由外向里铺。当有设备或留洞时，应综合考虑选定铺设方向和顺序。先在横梁上铺设缓冲胶条，并用乳胶液与横梁粘合。铺设地板块应用吸盘，垂直放入横梁间方格，保证四角接触处平整、严密，不得采用加垫的方法。不符合模数的板块，其不足部分在现场根据实际尺寸将板块切割后镶补，并配装相应的可调支撑和横梁。切割边应按设计要求进行处理后安装，并不得有局部膨胀变形情况 | |
| 6.8.7 | 质量要求 | 静电地板所有的支座柱和横梁应构成框架一体，并与基层连接牢固；支架抄平后高度应符合设计要求；静电板块与横梁接触搁置处应达到四角、严密；当静电地板不符合模数时，其不足部分可在现场根据实际尺寸将板块切割后镶补，并应配装相应的可调支撑和横梁。切割边不经处理 | |

续上表

| 序号 | 项目 | 主要控制要点 | 备注 |
| --- | --- | --- | --- |
| 6.8.7 | 质量要求 | 不得镶补安装，并不得有局部膨胀变形情况；静电地板在门口处或预留洞口处应符合设置构造要求，四周侧边应用耐磨硬质板材封闭或用镀锌钢板包裹，胶条封边应符合耐磨要求；活动地板面层应排列整齐、表面洁净、色泽一致、接缝均匀、周边顺直 | |
| 6.8.8 | 尺寸偏差及检验方法 | 表面平整度允许偏差 2 mm，用 2 m 靠尺和楔形塞尺检查；缝格平直度允许偏差 2.5 mm，拉 5 m线和用钢尺检查；接缝高低差允许偏差 0.4 mm，用钢尺和楔形塞尺检查；板块间隙宽度允许偏差 0.3 mm，用钢尺检查 | |

防静电架空地板工程，如图 6.8.1～图 6.8.6 所示。

**图 6.8.1　基层处理**

把粘在基层上的浮浆、落地灰等用钢丝刷清理掉，再用扫帚将浮土清扫干净

**图 6.8.2　水泥砂浆找平**

刷素水泥浆结合层一道，铺设 30 mm 厚 1∶2.5 水泥砂浆，赶实压光进行找平

**图 6.8.3　刷过氯乙烯绝缘漆**

找平砂浆彻底干后，施工过氯乙烯绝缘漆

**图 6.8.4　找中套方、分格弹线**

在墙面上弹出活动地板面层的横梁组件标高控制线和完成面标高控制线

**图 6.8.5 安装支座和横梁组件**

按照分格线的位置，安放支座和横梁，并调整支座螺杆，使横梁与标高控制线同高且水平

**图 6.8.6 铺静电地板**

铺静电地板时应根据房间内的具体情况选择铺设方向

## 6.9 钢门窗安装施工

| 序号 | 项目 | 主要控制要点 | 备注 |
|---|---|---|---|
| 6.9.1 | 划线定位 | 图纸中门窗的安装位置、尺寸和标高，以门窗中线为准向两边量出门窗边线，从室内＋100 cm水平线量出门窗的水平安装线。依据门窗的边线和水平安装线做好各楼层门窗的安装标记 | |
| 6.9.2 | 钢门窗就位 | (1)按图纸中要求的型号、规格及开启方向等，将所需要的钢门窗搬运到安装地点，并垫靠稳当。<br>(2)将钢门窗立于图纸要求的安装位置，用木楔临时固定，将其铁脚插入预留孔中，然后根据门窗边线、水平线及距外墙皮的尺寸进行支垫，并用托线板吊垂直。<br>(3)钢门窗就位时，应保证钢门窗上框距过梁有 20 mm 缝隙，框左右缝宽一致，距外墙皮尺寸符合图纸要求 | |
| 6.9.3 | 钢门窗固定 | 钢门窗就位后，校正其水平和正、侧面垂直，然后用膨胀螺栓与过梁、门跺两侧预留混凝土块固定 | |
| 6.9.4 | 五金配件的安装 | 检查窗扇开启是否灵活，关闭是否严实，如有问题必须调整后再安装。在开关零件的螺孔处配置合适的螺钉，将螺丝拧紧。当拧不进去时，检查孔内是否有多余物。若有，将其剔除后再拧紧螺丝。当螺丝与螺孔位置不吻合时，可略挪动位置，重新攻丝后再安装。钢门锁的安装按说明书及施工图要求进行，安好后锁应开关灵活 | |

钢门窗工程，如图 6.9.1～图 6.9.4 所示。

**图 6.9.1　划线定位**

从室内＋100 cm 水平线量出门窗的水平安装线

**图 6.9.2　钢门窗就位**

按图纸中要求的型号、规格及开启方向等，将所需要的钢门窗搬运到安装地点，并垫靠牢固

**图 6.9.3　钢门窗固定**

钢门窗就位后，校正其水平和正、侧面垂直，然后用膨胀螺栓与过梁、门垛两侧预留混凝土块固定

**图 6.9.4　五金配件的安装**

钢门锁的安装按说明书及施工图要求进行，安好后锁应开关灵活